国家智库报告 2018（38）
National Think Tank

经　济

国家绿色园区发展报告(2018)

禹湘　付允　等编著

NATIONAL GREEN INDUSTRIAL PARKS DEVELOPMENT
REPORT (2018)

中国社会科学出版社

图书在版编目（CIP）数据

国家绿色园区发展报告.2018/禹湘等编著.—北京：中国
社会科学出版社，2018.10
（国家智库报告）
ISBN 978 - 7 - 5203 - 3365 - 8

Ⅰ.①国…　Ⅱ.①禹…　Ⅲ.①工业园区—绿色经济—经济
发展—研究报告—中国—2018　Ⅳ.①F424

中国版本图书馆 CIP 数据核字（2018）第 241007 号

出 版 人	赵剑英
责任编辑	谢欣露
责任校对	夏慧萍
责任印制	李寡寡

出　　　版	中国社会科学出版社
社　　　址	北京鼓楼西大街甲 158 号
邮　　　编	100720
网　　　址	http：//www.csspw.cn
发 行 部	010 - 84083685
门 市 部	010 - 84029450
经　　　销	新华书店及其他书店

印刷装订	北京君升印刷有限公司
版　　　次	2018 年 10 月第 1 版
印　　　次	2018 年 10 月第 1 次印刷

开　　　本	787×1092　1/16
印　　　张	10.5
插　　　页	2
字　　　数	105 千字
定　　　价	48.00 元

主要作者

中国社会科学院城市发展与环境研究所　禹　湘

中国标准化研究院　付　允

中国科学院生态环境研究中心　刘晶茹

清华大学环境学院　石　磊

摘要：目前，中国是全球拥有园区数量最多的国家。这其中工业园区是工业生产活动最为集中的区域，为推进我国工业化进程、促进地区经济发展做出了突出贡献。随着工业园区在我国的快速发展，园区的环境污染问题以及发展不可持续问题也日益凸显。在经济发展进入新常态和社会发展进入新时代之际，工业园区的绿色发展转型显得极其重要而迫切。为此，工业和信息化部近年来一直在推动工业园区的绿色低碳发展。2016年，随着工业和信息化部主导的工业绿色制造体系建设正式启动，作为工业绿色制造体系的重要组成部分，国家绿色园区的创建工作也随之有序展开。

绿色园区是将绿色发展理念贯穿于园区的发展规划、空间布局、产业发展、能源利用、资源利用、基础设施建设、生态环境保护、运行管理等全过程和全方位的一种可持续园区发展方式。绿色园区不仅涵盖了节约、低碳、循环和生态环境保护等内容，还包含了使人与自然和谐相处的文化内涵和制度安排，能够让人们在天蓝、地绿、水净的园区环境中生产和生活。相比我国已经有的生态园区、循环园区和低碳园区，绿色园区具有更丰富的内涵和创建内容。

国家绿色园区创建工作开展两年多以来，共有46家园区入选国家绿色园区。已有的国家绿色园区发展实践表明，部分绿色园区在创建过程中实现了经济增长与资源投入和环境污染的脱钩，有关绿色发展的新理念、新举措、新模式也不断涌现。

本报告围绕国家园区绿色发展的主题展开，从国家绿色园区的发展政策到实践，全面展示了国家绿色园区创建的历程与成效。其中，第一章分析了国家绿色园区创建的背景；第二章总结了国家绿色园区的创建进程；第三章介绍了国家绿色园区评价体系；第四章总结了国家绿色园区示范的成效；第五章凝练了绿色园区的典型案例和经验。本报告旨在展示中国工业园区绿色转型的成效与经验，为进一步推动中国工业园区绿色转型提供借鉴与参考。

关键词：绿色园区；绿色制造；可持续发展；示范

Abstract: At present, of any country China has the largest number of industrial parks in the world. Industrial parks contribute to high growth of regions and national economic development in China. However, economic gains often come with environmental pollution and Greenhouse Gas (GHG) emissions, these problems have arisen due to the rapid growth of industrial parks in China. As China's economy steps into the new normal age and Chinese society steps into the new era, the greening of industrial parks is an urgent priority. Therefore, Ministry of Industry and Information Technology (MIIT) has been promoting the green and low – carbon development of industrial parks. In 2016, with the launch of the industrial green manufacturing system led by MIIT, the national green industrial parks program began.

Being a form of sustainable development, green industrial parks incorporate the idea of green development into the overall process of industrial parks development; including development planning, spatial distribution, industrial development, energy utilization, resource utilization, infrastructure construction, ecological enviromental protection, operation and management. It not only supports resource conservation, low carbon production and ecological environmental protection, greening industrial parks presents a systemic opportunity to foster harmony in the relationship between mankind and nature. Compared with the ecological industrial parks, recyclable industrial parks and low – carbon industrial parks, green industrial parks have greater potential and richer characteristics.

Over the two years of the development of national green industrial parks, 46 industrial parks have qualified. According to their practice, there are signs that several green parks have decoupled the connection between economic growth, resource consumption and environmental pollution.

This report centers on the theme of the development of national green industrial parks. Recording the analysis of the policy and practice of national green industrial parks, the report demonstrates the history and accomplishments of national green industrial parks from all perspectives. The first chapter analyzes the background of the inauguration of national green industrial parks. The second chapter demonstrates the development process of national green industrial parks. The third chapter introduces the evaluation system of national green industrial parks. The forth chapter summarizes the accomplishments of national green industrial parks. The fifth chapter substantiates several cases of national green industrial parks. By displaying the accomplishments and practice of the transformation and advancement of national green industrial parks in China, this report serves to provide references for further promotion of the unprecedented programme.

Key Words：National Green Industrial Parks；Green Manufacturing；Sustainable Development；Demonstration

目　　录

第一章 国家绿色园区创建的背景

第一节 绿色园区创建的意义

以开发区和高新区为代表的产业园区已经成为我国工业发展的主要空间载体，为我国工业发展做出了巨大贡献。按照《中国开发区审核公告目录》（2018），我国目前共有 2543 家省级及以上开发区[①]，是全球拥有产业园区数量最多的国家。以产业集群为特征的工业园区已成为我国工业发展的重要形式和主要力量。工业园区的建设不仅对推动中国经济发展起到了举足轻重的作用，还在推进我国的工业化进程，促进地区经济发展方面发挥了积极的带动和辐射作用，为区域经济发展做出

---

① 国家发展和改革委员会等：《中国开发区审核公告目录》（2018）。

了突出贡献。然而，以工业园区为空间载体的集聚经济同样会产生"拥挤效应"，既是碳排放的主要来源，也是其他污染物排放的主要来源，导致环境污染问题以及发展不可持续问题日益突显。因此，工业园区的绿色发展转型显得极其重要而迫切，工业园区绿色发展既是工业绿色发展的关键领域，更是践行生态文明建设的有效途径。

近年来，中国政府一直在园区可持续发展领域积极探索，陆续开展了园区的试点示范建设。国家发展和改革委员会（以下简称国家发展改革委）等部门于2005年将工业园区列入国家级循环经济试点范围，后逐渐形成了园区循环化改造建设体系。2007年环境保护部会同商务部和科技部联合开展国家生态工业示范园区建设工作。2013年工业和信息化部联合国家发展改革委以工业应对气候变化和实现低碳发展为出发点，组织开展国家低碳工业园区试点。2016年，工业和信息化部开展了绿色制造体系建设，积极推动绿色工厂、绿色产品、绿色园区和绿色供应链的建设，绿色园区是其中一项重要内容。2016年，国务院下发《关于完善国家级经济技术开发区考核制度促进创新驱动发展的指导意见》，鼓励国家级经济技术开发区创建生态工业示范园区、循环化改造示范试点园区、国家低碳工业园区等绿色园区。

一　建设绿色园区是工业绿色转型的重要内容

工业绿色转型是指从传统工业生产向以资源集约利用和环境友好为导向，以绿色创新为核心，坚持走新型工业化道路，推进工业生产全过程的绿色化和可持续发展，实现工业发展经济效益与环境效益双赢的工业生产模式的转变过程。当前，绿色、低碳和循环发展已经成为世界经济发展的重要潮流，是世界各国实现可持续发展的关键举措。我国工业发展尚未从根本上摆脱高投入、高消耗、高排放的粗放模式，工业生产的能效、水效与发达国家仍有较大差距。加快工业绿色发展不仅能有效降低能耗和物耗，还能推动产业链的价值跃升，实现绿色增长。

按照党中央、国务院关于生态文明建设的决策部署，为牢固树立并贯彻落实创新、协调、绿色、开放和共享的五大发展理念，落实供给侧结构性改革要求，实现可持续发展，工业领域在落实上述战略要求的过程中肩负重任。工业和信息化部从战略部署和实际工作中积极践行绿色发展，明确提出创新驱动、绿色发展，把可持续发展作为建设制造强国的重要着力点，全面推行绿色制造。2016 年，工业和信息化部制定发布了《绿色制造工程实施指南（2016—2020）》，为加快推进绿色制造，开展绿色制造体系建设，发布了《工业和信息化部办公厅关于开展绿色制造体系建设的通知》（工信厅节函〔2016〕586 号），要求建设绿色工厂、开发绿色产品、建设绿色园区和绿色供应链。绿色园区是实践工业绿色发展理念的主要空间载体，是工业绿色发展的重要内容。

二　建设绿色园区是践行生态文明建设的有效途径

生态环境关乎民族未来、百姓福祉。党的十九大在充分肯定生态文明建设成效的同时，指出"生态环境保护任重道远"。进入生态文明新时代，要坚持人与自然和谐共生，更加明确和强化生态文明建设在中国特色社会主义建设"五位一体"总体布局和"四个全面"战略布局伟大事业中的重要地位。工业园区作为工业绿色发展的关键领域，无论是从破解能源资源和生态环境约束、适应人民群众对绿水青山的期盼，还是从自身的战略转型升级来看，都需要科学把握工业发展规律，围绕经济发展和生态环境目标约束，把绿色发展、循环发展、低碳发展作为基本途径。大力发展绿色制造，加快构建中国特色工业绿色发展新模式，既要加快推动生产方式绿色化，加快发展绿色产业，打造绿色全产业链，更要主动适应工业成长环境的变化，走生态文明的工业发展道路，开创工业科学发展新局面。

三　建设绿色园区为参与国际竞争提供了新的契机

近年来，中国在工业绿色发展领域取得显著成效。中国已经成为世界领先的风机和太阳能光伏产品制造商，拥有的生物燃料原料资源世界最多。2017 年，中国水电、风电、光伏发电、生物质发电和核电装机分别达到 3.38 亿千瓦、1.54 亿千瓦、1.02 亿千瓦、1330 万千瓦和 3352 万千瓦，均居全球首位。2012—2016 年中国规模以上工业单位增加值能耗累计下降 29.5%。2012—2015 年，中国工业固体废物综合利用量累计为 81.1 亿吨，再生资源回收利用量累计为 8.1 亿吨。2015 年，中国节能环保产业经济规模快速扩大，产值约 4.5 万亿元，从业人数 3000 多万，涌现出 70 余家年营业收入超过 10 亿元的节能环保龙头企业，形成了一批节能环保产业基地。在高电解铝、水泥、钢铁、煤电等高耗能产业的节能低碳技术创新与应用方面也已经达到世界领先水平。上海外高桥第三发电厂是全球最为清洁的火电厂，每发一度电，比德国、日本等发达国家节约用煤约 10 克。[①] 中国目前已拥有完备的工业体系和产业配套能力。其他也正处于快速推进城市化、工业化的新兴经济体，与中国在工业技术和产业发展阶段上更为相似。随着中国综合国力的不断提高，许多新兴经济体对于学习中国经验和获取中国资金技术支持的需求日益强烈。中国应该顺应这股世界潮流，依托巨大的市场和日趋成熟的绿色企业、绿色园区，通过输出先进、实用的低碳技术与产业，围绕"一带一路"建设及"南南合作"，与其他国家合力建设海外工业园区，大力推动工业"走出去"，在高端装备制造、节能环保、新能源和新能源汽车等领域输出先进、实用的绿色、低碳技术与产业方面，形成低碳、绿色产业竞争的合力。

---

① http://huanbao.bjx.com.cn/news/20141008/552122.shtml.

当前和今后一个时期内，集聚发展仍将是中国工业空间格局的主要形态，工业园区也仍将是中国工业发展的重要形式。发展绿色园区将是顺应全球绿色发展潮流、破解中国工业发展的资源环境瓶颈、重塑中国制造业竞争新优势的重要抓手。各地政府把工业园区建设作为拉动区域经济增长的新引擎，使得工业园区的绿色、低碳转型必要而迫切。

截至2017年年底，工业和信息化部已经从国家级和省级产业园区中选择了46家工业基础好、基础设施完善、绿色发展水平较高的园区作为绿色园区示范。实践表明，部分示范园区在创建时期就实现了经济增长与资源投入和环境污染的脱钩。园区单位土地面积的产出率显著提升，而综合能耗、新鲜水耗和碳排放强度等环境指标呈现不同程度的下降。在经济结构不断优化的同时，园区将循环经济、生态工业和全生命周期的碳减排积极延伸到生产、消费、贸易和投资的全过程。

第二节　绿色园区的基本内涵

党和国家一贯重视经济发展和环境保护的关系。党的十六大提出"走新型工业化道路",明确提出要把节约资源作为基本国策,发展循环经济,保护生态环境,加快建设资源节约型、环境友好型社会,促进经济发展与人口、资源、环境相协调。党的十八大从新的历史起点出发,做出"大力推进生态文明建设"的战略决策,提出必须牢固树立创新、协调、绿色、开放、共享的发展理念,指出坚持创新发展、协调发展、绿色发展、开放发展、共享发展是关系我国发展全局的一场深刻变革。党的十九大进一步提出要加快生态文明体制改革,建设美丽中国。这一系列的国家可持续发展理念和战略落实到工业园区层面,就是生态工业示范园区建设、园区循环化改造试点和低碳工业试点园区,并最终落实到绿色园区行动中。

其中,生态工业园区的建设是通过模拟自然生态系统,在产业系统中建立"生产者—消费者—分解者"的循环途径,利用循环发展模式,减少对环境的污染,其实质是在发展工业经济的同时尽量减少对生态系统的影响。园区的循环化改造是以"减量化、再利用、资源化"为原则,以实现园区"经济持续发展、资源高效利用、环境优美清洁、生态良性循环"为目标,实质上是对园区循环发展水平的强化。低碳产业园区的创建是以产业低碳化、能源低碳化、基础设施低碳化和管理低碳化等为支撑，以提高园区碳生产力、减少温室气体排放为目标，实质上是对园区的低碳发展水平提出要求。绿色园区相比这三种类型的园区具有更广泛的内涵，是落实生态文明建设，践行绿色发展、循环发展和低碳发展在园区层面的具体体现，是将绿色发展的理念贯穿于园区规划、空间布局、产业发展、能源利用、资源利用、基础设施建设、生态环境保护、运行管理等全方位的一种可持续园区发展方式。

国家绿色园区作为工业绿色发展的重要内容，是指符合绿色发展理念和绿色制造体系要求，依据《绿色园区评价要求》及其他相关要求，按规定程序通过评审，被授予相应称号的工业园区。国家绿色园区的发展主要围绕园区规划、空间布局、产业发展、能源利用、资源利用、基础设施建设、生态环境保护、运行管理等几个方面进行。具体包括以下重点内容，如图 1 - 1 所示。

（1）园区规划绿色化。基于对园区发展的基础条件和制约因素的系统全面分析，综合考虑园区整体的协

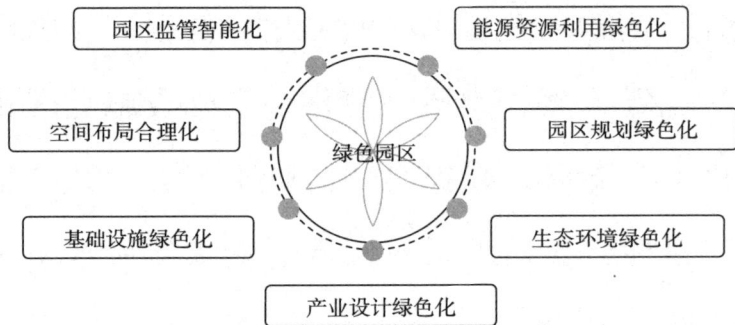

图 1-1　绿色园区发展内涵

调关系，对园区进行合理布局和空间整合，优化路网结构，加强功能区、空间环境的有机联系，形成整体性强、联系紧密、生态宜居的园区。

（2）空间布局合理化。合理设置工业用地与居住用地的大气安全、防火和卫生防护距离。按照便于企业专业化协作和废弃物（副产物）交换利用的原则，依据空间布局安排和园区准入标准合理选取入园企业，将性质相近、关系密切的企业适当集中布局，最大限度实现原料和"三废"的综合利用，实现土地的节约、集约、高效利用。

（3）产业设计绿色化。遵循产业链纵向延伸和横向耦合的原则，深入调查并诊断分析现有优势产业链构成，识别确定欠缺链条和重点补链项目，实行补链招商。积极发展节能、环保、资源循环利用、新能源等绿色产业，以绿色产业推动传统产业绿色升级。

（4）能源资源利用绿色化。推行工业清洁生产，推广应用节能、节水、节材、新能源、低碳、循环经济、环保先进适用技术。开展园区合同能源管理，实施照明、电机系统、锅炉、公共建筑和环保设施节能改造，发展热电联产、余热余压利用项目，建设和完善热网工程，实行集中供热。发展企业间串联用水系统，开展废水再生利用和中水回用。推动发展新能源，鼓励企业开展太阳能热能利用、光伏发电、生物质利用和分布式能源及泛能微网，提高新能源利用比例。

（5）生态环境绿色化。建设或改造升级污水集中处理设施，改造污水收集管网，实现工业废水和生活污水的分流，提高污水收集率，实现污水的全收集、全处理和达标排放；改造、建设或利用园区外垃圾处理厂、危险废物处置厂和再生资源回收网络，实现固体废物处理最优化。大力推进环境污染第三方治理，积极引入环境服务公司集中式、专业化开展园区污染治理。合理搭建产业园区"绿道"，设置工业区与生活区防护林带，形成带状绿化与独立绿化点、线、面相结合的绿化体系。种植高大乔木为停车场、人行道和广场等遮阳。采用立体绿化、复层绿化，合理配置植物，设置渗水地面，优化水景设计。产业园区绿化覆盖率应达到30%以上。

（6）基础设施绿色化。按照基础设施先行和适度超前的原则，推动园区内道路、管廊、供水、供电、照明、通信、建筑和环保等基础设施的统筹建设和绿色化改造，促进基础设施共建共享和智能高效利用。完善园区电力、天然气网络，提高供电供气能力，建设智能电网。以"建筑工业化"的方式减少现场施工，使用可回收循环利用的建筑材料，利用太阳能发电、建设风循环系统降低建筑耗能。探索建立"海绵园区"，为绿化带、园区景观供水。

（7）园区监管智能化。依据国家和地方产业结构调整目录、行业准入条件，以及节能、环保、安全、质量标准，制定实施企业绿色准入和退出管理制度，实行绿色招商，淘汰落后产能。充分利用信息化手段，建立覆盖主要污染源、危险化学品存储点的可视化监控系统和重大风险应急指挥平台，健全环境安全风险单位信息库；建立废弃物交换平台，为园区企业提供废弃物交换信息。编制和落实园区综合环境应急预案，建设高效的环境应急救援体系。

第三节 绿色园区发展的挑战

我国幅员辽阔，地区间经济发展水平和产业结构差别较大，存在明显的空间差异性和行业异质性特征。因此，在不同地区或不同行业实现园区的绿色发展，应该根据不同区域的产业特点，充分利用当地资源优势，提出不同的推进策略和针对性要求，差异化、精准化指导绿色园区发展。目前，虽然绿色园区建设取得了一定的进展和成效，但仍存在一些问题和挑战，主要表现在：

（1）园区绿色发展领域的投入不足。重点工业企业与园区在绿色发展的问题上，仍存在资金投入不足、相关管理人才缺乏、绿色低碳技术的研发能力相对薄弱等问题，在绿色创新和绿色发展等方面的能力仍亟待提高。许多园区具有绿色创建的积极性，但是对绿色园区的内涵、发展举措及实现路径缺乏足够的了解和认知。不少园区在申报绿色园区时，其园区绿色发展的目标设定缺乏科学依据，发展的路径和措施缺乏特色，没有结合自身的比较优势，因地制宜地制定园区绿色发展战略，体现园区绿色创建的成效。

（2）园区之间绿色发展的交流不足。工业绿色发展是全国一盘棋，各园区之间既要竞争，又要合作发展。目前，各工业园区之间对于绿色发展的理念、技术、经验的相关交流比较缺乏。为更高效地推动工业园区的绿色发展，工业园区间迫切需要建立合作共赢、资源共享、经验交流的平台，实现绿色资源、技术、人才和资金的互补，共谋绿色的发展。

（3）国家绿色园区建设亟须加强顶层设计和配套措施。目前，国家绿色园区创建引入了市场机制进行第三方评价，对于利用市场资源拓展绿色园区创建的广度和深度是十分有效的做法。未来还需进一步建立、完善将静态评估与持续动态评估相结合的监管机制，以及建立绿色园区可持续发展、经验推广等工作流程。例如，进一步制定绿色园区国家标准；科学系统评估园区当前的绿色指数；合理判定园区的绿色水平来促进园区绿色化创建水平的持续提高。同时加强制度建设，利用事后监管，定期评估园区的绿色指数改进水平。

第四节　绿色园区创建的战略思考

　　未来，工业依然是中国经济增长的重要动力，工业园区作为生产要素集聚区，仍将是中国能源消耗和温室气体排放的主要领域，也是中国提升国际竞争力的重要依托。通过深度的绿色低碳转型，把绿色发展的理念和方法贯彻于园区空间布局、产业发展规划和基础设施建设的各个方面，适应国际、国内新的发展格局，以国家绿色工业园区示范工作为抓手引领带动整个工业领域实现绿色发展，具有战略性和全局性的意义。

一　强化绿色园区创建的顶层设计

　　相比于中国其他自上而下的试点模式，国家绿色园区的创建引入了市场机制，将市场主导与政府引导相结合，这不仅明确了园区在绿色园区创建中的主体责任，还充分发挥了第三方机构在绿色园区技术支持和评价中的作用。工业和信息化部牵头负责绿色园区评价机制的组织制定工作，地方工业和信息化主管部门负责本省（自治区、直辖市）的绿色园区创建工作。工业和信化部授权市场独立机构负责第三方评价。园区发表自我声明并开展绿色化建设和改造。因此，各级政府应贯彻执行《工业绿色发展规划（2016—2020）》等国内工业绿色发展的顶层设计。例如，工业和信息化部可优先利用工业转型升级重点项目、专项建设基金、绿色信贷等相关政策支持国家级绿色园区。各地也应出台本地区绿色园区支持政策，加强资金、项目等方面的支持。

二　完善绿色园区创建的相关制度

为进一步推进绿色园区创建工作的开展，应成立绿色园区专家委员会，具体负责绿色园区评估、评价和技术支撑工作。强化绿色园区监管制度，对已经通过国家绿色园区评价的园区，应建立动态监督机制。同时还应及时推广绿色园区建设经验。加大对绿色园区的宣传，利用电视广播、纸面媒体、新媒体推广园区在绿色建设方面的经验和模式。通过统一的国家绿色园区信息平台，在线推广典型绿色园区模式案例，强化辐射效应等。

三 鼓励产学研相结合的绿色技术创新与推广

绿色技术创新是实现工业绿色发展的关键所在，绿色技术的研发与推广具有一定的不确定性和风险，需要持续、大规模的研发投入，而园区由于具有产业的集聚效应和技术的溢出效应，应更好地发挥绿色技术创新的能力，成为引领绿色技术发展的生力军。政府应进一步加强规划和政策引导，鼓励更多的市场主体投入，加大对新兴绿色产业基础技术、前沿技术和共性技术的研发支持力度，加强对新兴绿色产业的财政金融支持。例如，政府应组织制定发布适用于园区的绿色技术目录，鼓励地方发布适合本地园区和产业特点的绿色技术目录。鼓励工业园区采用产学研相结合的方式，联合高校、科研机构、协会、标准化机构共同推进关键共性绿色技术研发，推进污染控制和预防技术、源头削减技术、废物最少化技术、循环再生技术、生态工艺、绿色产品技术、净化技术、新能源技术等技术的集成应用，打造工业绿色发展新动能。

第二章 国家绿色园区创建进程

第一节 绿色园区创建的思路与目标

按照党中央、国务院关于生态文明建设的决策部署，牢固树立并切实贯彻创新、协调、绿色、开放、共享的发展理念，通过政府引导充分发挥市场化手段和第三方机构的作用，以园区绿色化建设和改造为核心，将绿色化贯穿于园区规划、空间布局、产业准入、基础设施建设、资源能源利用、污染物控制、运行管理等环节，推动园区发展的绿色化、服务化和高端化，全面提升园区的绿色化水平。

到 2020 年，实现支撑绿色园区建设和改造的标准体系基本健全，与绿色有关的标准基本覆盖实施，建立基于绿色指数的绿色园区评价标准；建立绿色园区评价管理制度体系，形成绿色园区的市场化机制，促进绿色园区标准与评价机制协调配套；面向国家级和省级产业园区，选取一批工业基础好、基础设施完善、绿色水平高的园区，创建100家国家绿色园区，园区绿色指数得到大幅提升。

第二节　绿色园区创建的基本原则

国家绿色园区创建是实现我国工业绿色发展的重大举措，应遵循以下原则，稳步推进：

（1）市场主导与政府引导相结合。明确园区在绿色园区创建中的主体责任，充分发挥第三方机构在绿色园区技术支持和评价中的作用；政府通过政策、资金、项目、金融、税收等多种手段激励引导园区开展绿色化建设和改造。

（2）静态评估与持续改进相结合。建立绿色园区评价要求，进一步制定绿色园区国家标准，科学系统评估园区当前的绿色指数，合理判定园区的绿色水平；利用事后监管，定期评估园区的绿色指数改进水平，确保园区持续满足评价要求。

（3）科技创新与管理提升相结合。将绿色技术创新和集成应用作为园区绿色水平持续提升的抓手，鼓励园区企业进行绿色技术创新；同时园区通过建立运行环境管理体系、能源管理体系等绿色管理体系，提升园区绿色运营管理效能。

（4）绿色产业发展与绿色化改造相结合。积极发展绿色技术、产品和服务等绿色产业，运用环境污染第三方治理、合同能源管理、合同节水管理等市场化模式，推动园区传统产业的绿色化改造和绿色基础设施的完善，实现绿色产业与园区绿色建设改造的有机融合。

第三节　推进绿色园区创建的国家政策

国务院于 2015 年在相关文件中首次提出绿色制造体系；支持企业开发绿色产品，推行生态设计，显著提升产品节能、环保、低碳技术水平，引导绿色生产和绿色消费；建设绿色工厂，实现厂房集约化、原料无害化、生产洁净化、废物资源化、能源低碳化。发展绿色园区，推进工业园区产业耦合，实现近零排放。打造绿色供应链，加快建立以资源节约、环境友好为导向的采购、生产、营销、回收及物流体系，落实生产者责任延伸制度；强化绿色监管，健全节能环保法规、标准体系，加强节能环保监察，推行企业社会责任报告制度，开展绿色评价。

工业和信息化部《工业绿色发展规划（2016—2020）》提出，加快构建绿色制造体系，发展壮大绿色制造产业。强化产品全生命周期绿色管理，支持企业推行绿色设计，开发绿色产品，建设绿色工厂，发展绿色工业园区，打造绿色供应链，全面推进绿色制造体系建设。以企业集聚化发展、产业生态链接、服务平台建设为重点，推进绿色工业园区建设。开发绿色产品。积极推进绿色产品第三方评价和认证，发布工业绿色产品目录。建立各方协作机制，开展典型产品评价试点，建立有效的监管机制。建立百家绿色示范园区和千家绿色示范工厂，推广普及万种绿色产品。

工业和信息化部、国家发展改革委、科技部、财政部联合发布的《绿色制造工程实施指南（2016—2020）》提出，以企业为主体，以标准为引领，以绿色产品、绿色工厂、绿色工业园区、绿色供应链为重点，以绿色制造服务平台为支撑，推行绿色管理和认证，加强示范引导，全面推进绿色制造体系建设。同时提出，建设绿色工业园区，选择一批基础条件好、代表性强的工业园区，推进绿色工业园区创建示范工作，深化国家低碳工业园区试点。

《工业和信息化部办公厅关于开展绿色制造体系建设的通知》提出，全面统筹推进绿色制造体系建设，到 2020 年，绿色制造体系初步建立，绿色制造相关标准体系和评价体系基本建成，在重点行业出台 100 项绿色设计产品评价标准、10—20 项绿色工厂标准，建立绿色园区、绿色供应链标准，发布绿色制造第三方评价实施规则、程序，制定第三方评价机构管理办法，遴选一批第三方评价机构，建设百家绿色园区和千家绿色工厂，开发万种绿色产品，创建绿色供应链，绿色制造市场化推进机制基本完成，逐步建立集信息交流传递、示范案例宣传等为一体的线上绿色制造公共服务平台，培育一批具有特色的专业化绿色制造服务机构。同时发布了绿色工厂评价要求、绿色园区评价要求、绿色供应链管理评价要求。

工业和信息化部、国家标准委联合印发《绿色制造标准体系建设指南》。绿色制造标准体系由综合基础、

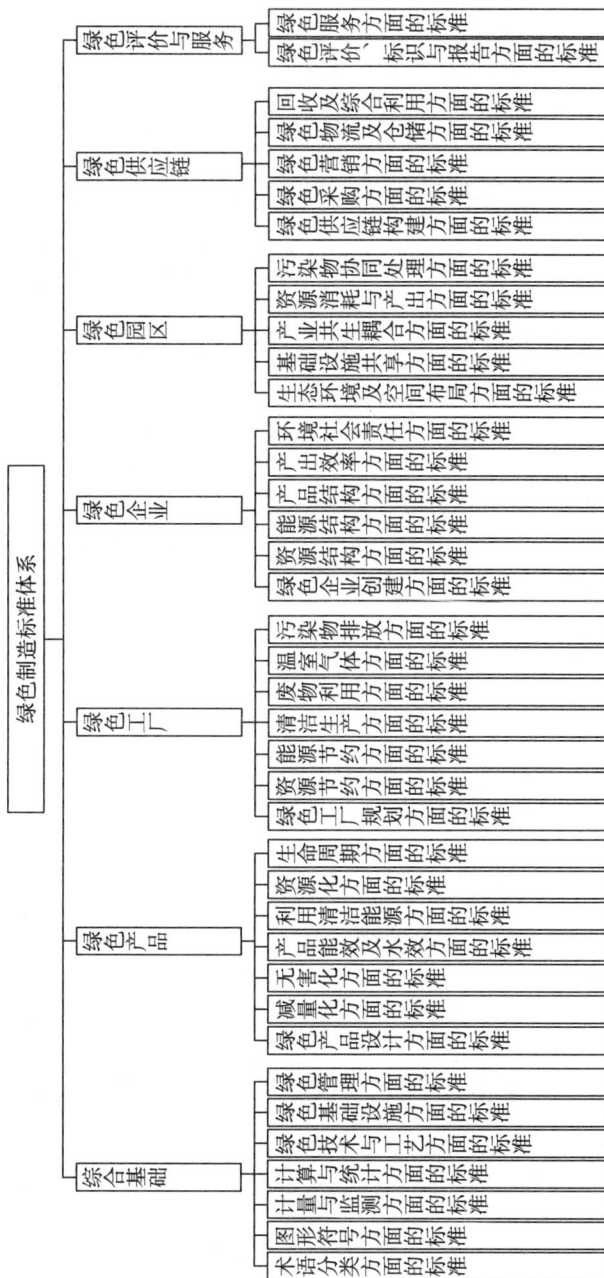

图2-1　绿色制造标准体系

绿色产品、绿色工厂、绿色企业、绿色园区、绿色供应链和绿色评价与服务七部分构成（见图2－1）。综合基础是绿色制造实施的基础与保障，产品是绿色制造的成果输出，工厂是绿色制造的实施主体和最小单元，企业是绿色制造的顶层设计主体，供应链是绿色制造各环节的链接，园区是绿色制造的综合体，评价与服务是绿色制造的持续改进手段。其中，绿色园区包括生态环境及空间布局方面的标准、基础设施共享方面的标准、产业共生耦合方面的标准、资源消耗与产出方面的标准、污染物协同处理方面的标准等。

第四节　推进绿色园区创建的地方政策

《工业和信息化部办公厅关于开展绿色制造体系建设的通知》（工信厅节函〔2016〕586号）要求，各省、自治区、直辖市及计划单列市、新疆生产建设兵团工业和信息化主管部门根据本地区产业基础和特点、发展规划等实际情况，于2016年10月底前制定出台本地区的绿色制造体系建设实施方案，提出本地区绿色制造体系建设的5—8个重点领域、年度计划以及政策支持措施等。之后，各省、计划单列市等的工业和信息化部门结合地方产业特色和绿色发展实际，制定发布了绿色制造体系建设实施方案。部分省（自治区、直辖市）发布的绿色制造体系建设实施方案的目标体系如表 2-1 所示。

表 2-1　　部分省（自治区、直辖市）绿色制造目标体系及资金支持政策

地方	政策名称	2020 年目标
北京	《北京绿色制造实施方案》	创建 50 家绿色示范工厂、10 家绿色工业园区、10 家生态（绿色）设计示范企业、1—2 家绿色制造领域的产业创新中心
天津	《关于"十三五"期间　天津市节能与工业绿色发展先进单位创建奖励政策的通知》《天津市工业绿色制造体系建设实施方案》	创建 100 家绿色示范工厂、建设 5 个绿色示范园区，开发一批绿色产品，打造一批绿色供应链
河北	《河北省绿色制造体系建设实施方案》	创建 10 家绿色工业园区和 100 家绿色工厂，建设 100 个能源管控中心，绿色制造水平明显提升，以企业为主体的绿色制造体系初步建成
山西	《山西省绿色制造体系建设实施方案》	深化国家级朔州区域工业绿色发展试点、在 10 个产业集聚区开展"资源节约型、环境友好型"产业共存生态绿色示范园区创建活动、选定 50 户企业开展"绿色工厂"创建活动、培育 100 个（或类）绿色产品、推进一批绿色改造重点项目、培育 30 余户绿色制造专业服务队伍
内蒙古	《内蒙古自治区绿色制造体系建设实施方案》	建设 30 家绿色工厂、开发 50 种绿色产品、打造 5 个绿色园区、创建一批绿色供应链

续表

地方	政策名称	2020 年目标
江苏	《江苏省绿色制造体系建设实施方案》	力争在全省范围内建设 10 家绿色园区和 100 家绿色工厂，开发 500 个绿色产品，创建若干绿色供应链
安徽	《支持制造强省建设若干政策》《安徽省绿色制造体系建设实施方案》	以企业为主体，以标准为引领，推进绿色制造体系建设的各项工作，创建一批资源节约型、环境友好型的绿色工厂和绿色产品，做好国家绿色制造系统集成重点项目的实施工作
江西	《江西省绿色制造体系建设实施方案》	绿色制造体系初步建立，绿色制造相关标准体系得到贯彻，遴选一批第三方评价机构，绿色评价体系基本建成，全省建成 3 个以上国家级绿色园区，30 家以上国家级绿色工厂，推广 100 种绿色产品，创建绿色供应链
河南	《河南省绿色制造体系建设实施方案（2018—2020 年）》	累计培育创建 100 家绿色工厂和 10 家绿色园区，开发一批绿色产品，建立若干绿色供应链管理示范点，探索地方节能与绿色制造标准制定，鼓励发展一批高水平、专业化的省内第三方评价机构
湖北	《湖北省工业绿色制造体系建设实施方案》	全省力争开发绿色产品 300 个，创建绿色工厂 50 家，建设绿色工业园区 10 个，打造绿色供应链 20 条
湖南	《湖南省绿色制造体系建设实施方案》	全省建设 100 家绿色工厂和 10 家绿色园区，开发一批绿色产品，创建一批绿色供应链管理企业，培育一批具有特色的专业化绿色制造服务机构，初步建立高效、清洁、低碳、循环的绿色制造体系

续表

地方	政策名称	2020 年目标
广东	《广东省绿色制造体系建设实施方案》	建设绿色工厂 100 家、绿色园区 10 个，开发千种绿色产品，打造一批绿色供应链，培育 40 家第三方绿色制造服务机构及评价机构，推动 15 个左右国家绿色制造系统集成项目完成建设，初步建立具有本省特色的绿色制造体系和绿色制造市场化推进机制
广西	《广西绿色制造体系建设工作实施方案》	初步建成完善的绿色制造体系，建设 3 家绿色园区和 30 家绿色工厂，开发 5 种绿色产品，创建 1 条绿色供应链
重庆	《重庆市绿色制造体系建设实施方案》	支持创建绿色工厂，开发绿色产品，建设绿色工业园区，打造绿色供应链
四川	《四川省绿色制造体系建设实施方案》	在重点行业力争创建符合国家标准要求国家级绿色工厂 30 家、绿色园区 5 家和一批省级绿色工厂、绿色园区，建设一批具有较强资金、技术实力的绿色制造服务机构，培育一批具有自主知识产权和一定市场占有率的绿色产品，探索构建以资源节约、环境友好为导向的全流程绿色供应链
甘肃	《甘肃省绿色制造体系建设实施方案》	建设 10 个绿色园区、20 个绿色工厂，开发 100 种绿色产品，创建基于各行业或区域特色的 10 条绿色供应链
宁夏	《宁夏回族自治区绿色制造体系建设实施方案（2017—2020 年）》	初步建成较为完善的绿色制造体系，市场化推进机制基本形成。创建 3 家绿色工业园区、10 家绿色示范工厂，推广 50 种绿色产品
新疆	《新疆维吾尔自治区绿色制造体系建设实施方案（2016—2020 年）》	新疆绿色制造体系初步建立，绿色制造相关标准体系和评价体系框架初步设立，在重点行业力争创建符合国家标准要求的国家级绿色工厂 30 家、绿色园区 5 家，开发 50 种绿色产品，打造 5 条绿色供应链

　　部分地级市也发布了绿色制造体系实施方案。例如，湖州市、安庆市、赣州市、襄阳市、郴州市、东莞市等地级市编制发布了绿色制造体系建设实施方案，设定了绿色工业发展的目标（见表2-1）。部分省市还实施了绿色制造资金支持政策。例如，安徽省对列入国家级绿色工厂示范名单的、列入国家绿色设计产品示范名单的分别给予一次性奖补100万元、50万元；对获得省级绿色工厂的企业给予一次性奖补50万元。天津市对纳入本市绿色园区创建备选名单的园区，市工业和信息化委通过政府购买服务方式确定第三方机构，为绿色园区创建提供咨询评价。市节能专项资金对园区内企业围绕创建工作实施的节能与绿色制造技术改造项目给予优先支持。对列入国家绿色设计产品示范名单的企业，市节能专项资金一次性给予每项产品2万元的资金奖励，"十三五"期间每家企业奖励资金累计不超过30万元。对列入国家绿色工厂示范名单的企业，市节能专项资金一次性给予不超过60万元的资金奖励。湖州市对列入国家绿色园区、绿色工厂、绿色供应链管理企业、绿色设计产品示范名单的企业，分别给予1000万元、100万元、50万元、30万元的奖励。

第三章 国家绿色园区评价体系

第一节 绿色园区评价的基本要求

绿色园区评价指标体系采用的是目标引领性的绿色指数评价，合规达标是开展绿色园区评价的前提条件。为确保绿色园区水平的引领性，绿色园区首先应满足：

第一，国家和地方绿色、循环和低碳相关法律法规、政策和标准应得到有效的贯彻执行。

第二，近三年未发生重大环境污染事故或重大生态破坏事件，完成国家或地方政府下达的节能减排指标，碳排放强度持续下降。

第三，环境质量达到国家或地方规定的环境功能区环境质量标准，园区内企业污染物达标排放，各类重点污染物排放总量均不超过国家或地方的总量控制要求。

第四，园区重点企业100%实施清洁生产审核。

第五，园区企业不应使用国家列入淘汰目录的落后生产技术、工艺和设备，不应生产国家列入淘汰目录的产品。

第六，园区建立履行绿色发展工作职责的专门机构、配备两名以上专职工作人员。

第七，鼓励园区建立并运行环境管理体系和能源管理体系，建立园区能源监测管理平台。

第八，鼓励园区建设并运行风能、太阳能等可再生能源应用设施。

以上要求除了第七、第八条，其他均为一票否决项，这意味着工业园区必须满足以上条款才能进一步计算其绿色指数，判定是否为绿色园区。第一条要求工业园区应合法合规地规划建设和运营，同时还应满足强制性国家标准要求。第二条要求园区近三年不能发生重大环境污染事故或重大生态破坏事件①。第三条要求工业园区应根据所在环境功能区，执行相应的大气、水、噪声等环境质量标准，同时园区内企业应严格执行污染物排放标准，且污染物排放总量不得超过总量控制要求。第四条要求园区重点企业100%实施清洁生产审核。这其中强制实施清洁生产审核的重点企业是指《清洁生产促进法》中规定的应当实施强制性清洁生产审核的企业，即在评审期当年及之前公布的重点企业清洁生产审核名单中的企业。第五条要求园区企业不得使用或生产列入《产业结构调整指导目录》《高耗能落后机电设备（产品）淘汰目录》《淘汰落后安全技术工艺、设备目录》《部分工业行业淘汰落后生产工艺装备和产品指导目录》等目录中的落后生产技术、工艺、设备和产品。第六条要求园区应设立绿色发展管理机构，并配备两名以上专职工作人员。

---

① 凡符合下列情形之一的，为重大环境事件：
（1）发生10人以上、30人以下死亡，或中毒（重伤）50人以上、100人以下；
（2）区域生态功能部分丧失或濒危物种生存环境受到污染；
（3）因环境污染使当地经济、社会活动受到较大影响，疏散转移群众1万人以上、5万人以下的；
（4）1、2类放射源丢失、被盗或失控；
（5）因环境污染造成重要河流、湖泊、水库及沿海水域大面积污染，或县级以上城镇水源地取水中断的污染事件。

第二节 绿色园区的评价指标体系

绿色园区评价指标是衡量园区绿色化水平的重要工具，其框架包括基本要求和评价指标两部分。其中，基本要求有 8 个方面的内容，评价指标包括能源利用绿色化指标、资源利用绿色化指标、基础设施绿色化指标、产业绿色化指标、生态环境绿色化指标、运行管理绿色化指标 6 个方面 31 项指标（见图 3-1）。

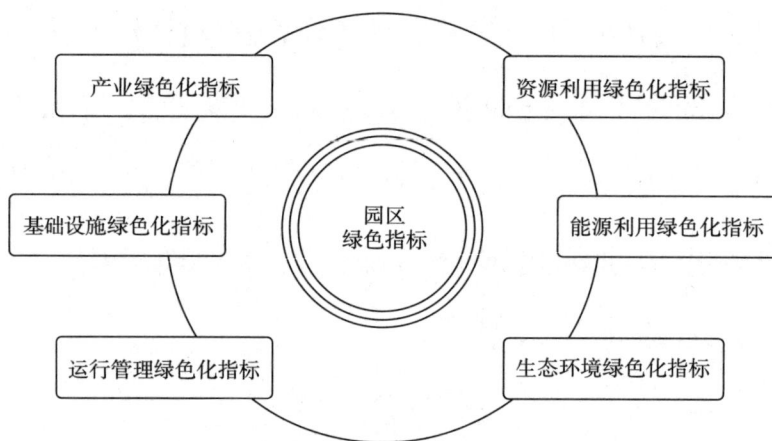

图 3-1 绿色园区评价指标框架

绿色园区评价指标体系具体包括 31 项指标，其中

18 项必选指标，13 项可选指标（见表 3 - 1）。必选指标是指必须参与绿色指数计算的指标，可选指标是指可参与绿色指数计算的备选指标。绿色园区的评价采用的不是符合性评价①，即满足所有指标要求的园区才能被评为绿色园区，而是目标引领评分法，即每项指标给出的是引领值，达到全部指标一定比例的园区即可被评选为绿色园区。

表 3 - 1　　　　　　　　绿色园区评价指标体系

一级指标	序号	二级指标	指标单位	引领值	指标类型
能源利用绿色化指标	1.	能源产出率	万元/吨标煤	3	必选
	2.	可再生能源使用比例	%	15	必选
	3.	清洁能源使用率	%	75	必选
资源利用绿色化指标	4.	水资源产出率	元/立方米	1500	必选
	5.	土地资源产出率	亿元/平方千米	15	必选
	6.	工业固体废弃物综合利用率	%	95	必选
	7.	工业用水重复利用率	%	90	必选
	8.	中水回用率		30	4 项指标选 2 项
	9.	余热资源回收利用率	%	60	
	10.	废气资源回收利用率	%	90	
	11.	再生资源回收利用率	%	80	

———————

① 生态环境部开展的国家生态工业示范园区评选活动采用的是符合性评价方法，每项指标的要求均为门槛值，见 HJ 274—2015《国家生态工业示范园区标准》。

续表

一级指标	序号	二级指标	指标单位	引领值	指标类型
基础设施绿色化指标	12.	污水集中处理设施	—	具备	必选
	13.	新建工业建筑中绿色建筑的比例	%	30	2 项指标选 1 项
	14.	新建公共建筑中绿色建筑的比例	%	60	
	15.	500 米公交站点覆盖率	%	90	2 项指标选 1 项
	16.	节能与新能源公交车比例	%	30	
产业绿色化指标	17.	高新技术产业产值占园区工业总产值比例	%	30	必选
	18.	绿色产业增加值占园区工业增加值比例	%	30	必选
	19.	人均工业增加值	万元/人	15	2 项指标选 1 项
	20.	现代服务业比例	%	30	
生态环境绿色化指标	21.	工业固体废弃物（含危废）处置利用率	%	100	必选
	22.	万元工业增加值碳排放量消减率	%	3	必选
	23.	单位工业增加值废水排放量	吨/万元	5	必选
	24.	主要污染物弹性系数	—	0.3	必选
	25.	园区空气质量优良率	%	80	必选
	26.	绿化覆盖率	%	30	3 项指标选 1 项
	27.	道路遮阴比例	%	80	
	28.	露天停车场遮阴比例	%	80	
运行管理绿色化指标	29.	绿色园区标准体系完善程度	—	完善	必选
	30.	编制绿色园区发展规划	—	是	必选
	31.	绿色园区信息平台完善程度	—	完善	必选

工业园区绿色指数的计算方法为：

$$GI = \frac{1}{24} \Big[\sum_{i=1}^{3} \frac{EG_i}{EG_{bi}} + \sum_{j=1}^{6} \frac{RG_j}{RG_{bj}} + \sum_{k=1}^{3} \frac{IG_k}{IG_{bk}} + \sum_{f=1}^{3} \frac{CG_f}{CG_{bf}} +$$

$$\sum_{l=1}^{6} \frac{HG_l}{HG_{bl}}\left(或\frac{HG_{bl}}{HG_l}\right) + \sum_{p=1}^{3} \frac{MG_p}{MG_{bp}}] \times 100$$

式中：

GI 为工业园区绿色指数；

EG_i 为第 i 项能源利用绿色化指标值，EG_{bi} 为第 i 项能源利用绿色化指标基准值；

RG_j 为第 j 项资源利用绿色化指标值，RG_{bj} 为第 j 项资源利用绿色化指标基准值；

IG_k 为第 k 项基础设施绿色化指标值，IG_{bk} 为第 k 项基础设施绿色化指标基准值；

CG_f 为第 f 项产业绿色化指标值，CG_{bf} 为第 f 项产业绿色化指标基准值；

HG_l 为第 l 项生态环境绿色化指标值，HG_{bl} 为第 l 项生态环境绿色化指标基准值；

MG_p 为第 p 项运行管理绿色化指标值，MG_{bp} 为第 p 项运行管理绿色化指标基准值。

正向指标（越大越好的指标）和逆向指标（越小越好的指标）的无量纲化分别采用指标值/基准值和基准值/指标值。在全部指标中，单位工业增加值废水排放量和主要污染物弹性系数属于逆向指标。单项指标最高得分不超过 120 分。

地方工业和信息化主管部门可根据地方园区发展实际，合理划分省级绿色园区等级。建议绿色园区划分为三个等级，分别为绿色园区一星级、二星级和三星级，每个等级满足的要求如下：

绿色园区★级应满足基本要求且绿色指数达到 70 分以上；

绿色园区★★级应满足基本要求且绿色指数达到 80 分以上；

绿色园区★★★级应满足基本要求且绿色指数达到 90 分以上。

不同的园区试点示范的评价指标有所不同。国家发展改革委发布的"园区循环化改造参考指标"，包含资源产出、资源消耗、资源综合利用、废物排放等方面共 30 项左右的指标。国家环保部主持发布的《国家生态工业示范园区标准》（HJ 274 - 2015），规定了国家生态工业示范园区的评价方法、评价指标和数据采集及计算方法等内容。其中，评价指标体系包括 32 项指标，涵盖经济发展、产业共生、资源节约、环境保护和信息公开等内容。可以看出，园区循环化改造更侧重于资源流角度，生态工业园区侧重于环保角度。与上述两类指标体系比较，绿色园区指标明确了能源利用和基础设施建设的绿色化指标，强调了园区作为工业发展的载体其实质是产业发展、基础设施建设和土地开发"三位一体"的有机体。因此，绿色园区更偏重于从系统角度对工业园区的规划建设进行全面和一体化的评价。

第三节　绿色园区的评价机制

绿色园区评价程序包括：园区依据《绿色园区评价要求》开展自评价；委托第三方机构开展绿色园区第三方评估并出具第三方评价报告；符合要求的园区向省工业和信息化部门提交《绿色园区自评价报告》和《绿色园区第三方评价报告》；省工业和信息化部门评估确认后上报工业和信息化部；工业和信息化部组织专家对申报的园区进行综合评审；通过评审的园区进入绿色园区名单。具体程序如图 3-2 所示。

（1）绿色园区创建和自评价

在省级工业和信息化部门的指导下，园区参照建设内容和《绿色园区评价要求》，编制《绿色园区发展规

```
┌──────────────┐   委托    ┌──────────────────┐        ╱是否╲
│  园区自评价   │ ════════▶ │  第三方机构现场评价 │ ════▶ ╱  合格  ╲
└──────────────┘           └──────────────────┘        ╲      ╱
依据《绿色园区评价要求》      依据《绿色园区评价要求》       ╲  ╱
                                                          │是
                                                          ▼
                                        ┌────────────────────────────┐
                                        │ 向省工业和信息化主管部门提交报告 │
                                        └────────────────────────────┘
                                        《绿色园区自评价报告》《绿色园区
                                        第三方评价报告》及相关证明材料
                                                          ║
                                                          ▼
┌────────────────────────┐   推荐  ┌────────────────────────┐
│ 向省工业和信息化主管部门推荐绿色园区 │ ◀════ │   省工业和信息化主管部门评估确认  │
│         名单            │        └────────────────────────┘
└────────────────────────┘          重点关注绿色园区评价指标的情况及总
向工业和信息化部推荐得分较高、在本地区成绩    体评分、评价机构编写的第三方评价报
突出且具有代表性的绿色园区名单，并提交相关    告等
材料
           ║
           ▼
┌────────────────────────┐   通过组织专家论证、公示等环节确定国家级
│   评审确定国家级绿色园区名单  │   绿色园区名单
└────────────────────────┘
```

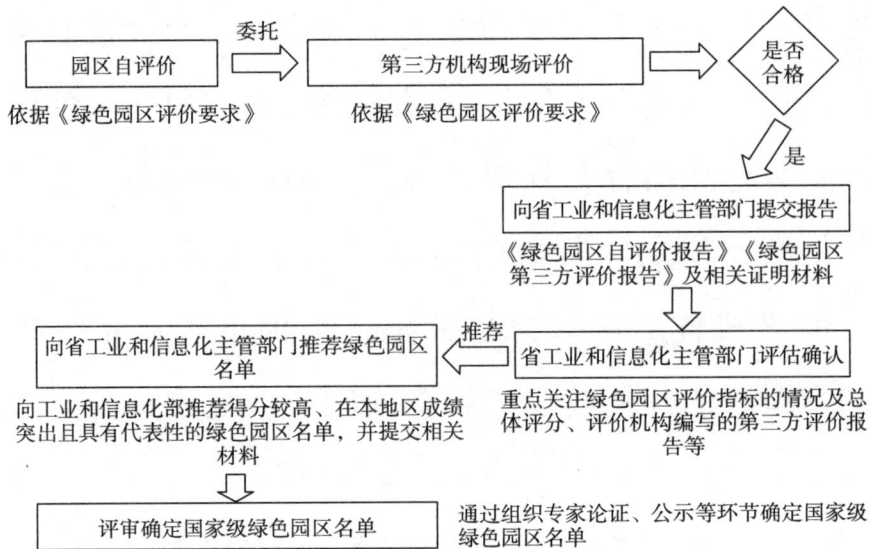

图 3 - 2　绿色园区申报的流程

划》和《绿色园区建设实施方案》，健全工作机构，完善工作制度，制定推进措施，自行组织好创建工作的实施。创建完成后，依据《绿色园区评价要求》，园区自行开展或委托第三方开展绿色园区自评价，符合园区申请要求，且工业园区绿色指数得分高于 70 分以上的园区，委托第三方机构进行现场评价。

（2）绿色园区第三方评价

创建完成后，园区应委托具备绿色园区评价能力的第三方机构，依据《绿色园区评价要求》，进行现场指标数据审核，计算园区绿色指数并出具第三方评价报告。园区按照属地原则向省级工业和信息化主管部门提

交申请报告。

（3）省级工业和信息化主管部门推荐

省级工业和信息化主管部门可向工业和信息化部推荐绿色指数得分 80 分及以上（西部省份可适当降低）的园区申请国家绿色园区。工业和信息化部对省级工业和信息化主管部门推荐的园区进行专家论证，根据论证结果，经公示后确定为国家绿色园区。

（4）事后监督管理

对进入名单的园区，一经发现与国家报告中的数据及实际情况不符，工业和信息化部可视情况做出书面警告、通报批评、限期整改，直至撤销，同时将出具评价报告的第三方机构列入黑名单。对进入名单的园区，实行绿色制造信息交流机制，分别于每年 1 月 15 日及 7 月 15 日前在绿色制造公共服务平台上对绿色制造水平指标等进行自我声明，展示绿色制造先进经验和典型做法。

专栏 3-1 绿色制造公共服务平台简介

绿色公共服务平台为示范园区提供用户中心，全流程引导示范园区通过在线注册等，完成基本信息、基础要求、绿色制造水平指标、先进经验的在线自我声明，流程如图1所示。

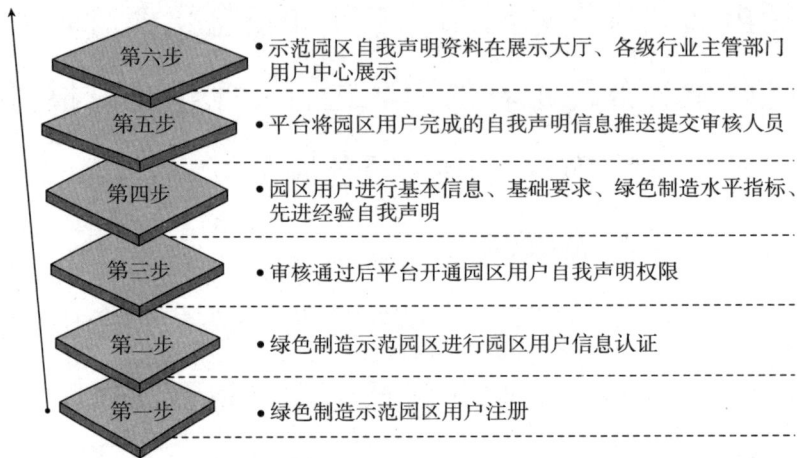

　　第六步　●示范园区自我声明资料在展示大厅、各级行业主管部门用户中心展示

　　第五步　●平台将园区用户完成的自我声明信息推送提交审核人员

　　第四步　●园区用户进行基本信息、基础要求、绿色制造水平指标、先进经验自我声明

　　第三步　●审核通过后平台开通园区用户自我声明权限

　　第二步　●绿色制造示范园区进行园区用户信息认证

　　第一步　●绿色制造示范园区用户注册

图1　绿色园区自我声明流程

绿色园区自我声明详细步骤：

步骤一：进入绿色园区名单的园区登录 www. gmp-sp. org. cn，完成账号注册并登录，如图2所示。

步骤二：登录后，选取园区入口，填写园区认证信息，主要包括园区名称、园区级别、地址、联系人等信息，提交审核信息后，平台管理方3—5个工作日会给予回复，如图3所示。

图 2 绿色制造公共服务平台注册界面

图 3 绿色园区信息填报界面

步骤三：审核通过后，登录个人用户中心，选择绿色园区示范自我声明功能模块，进入信息填报模块，如图 4 所示。

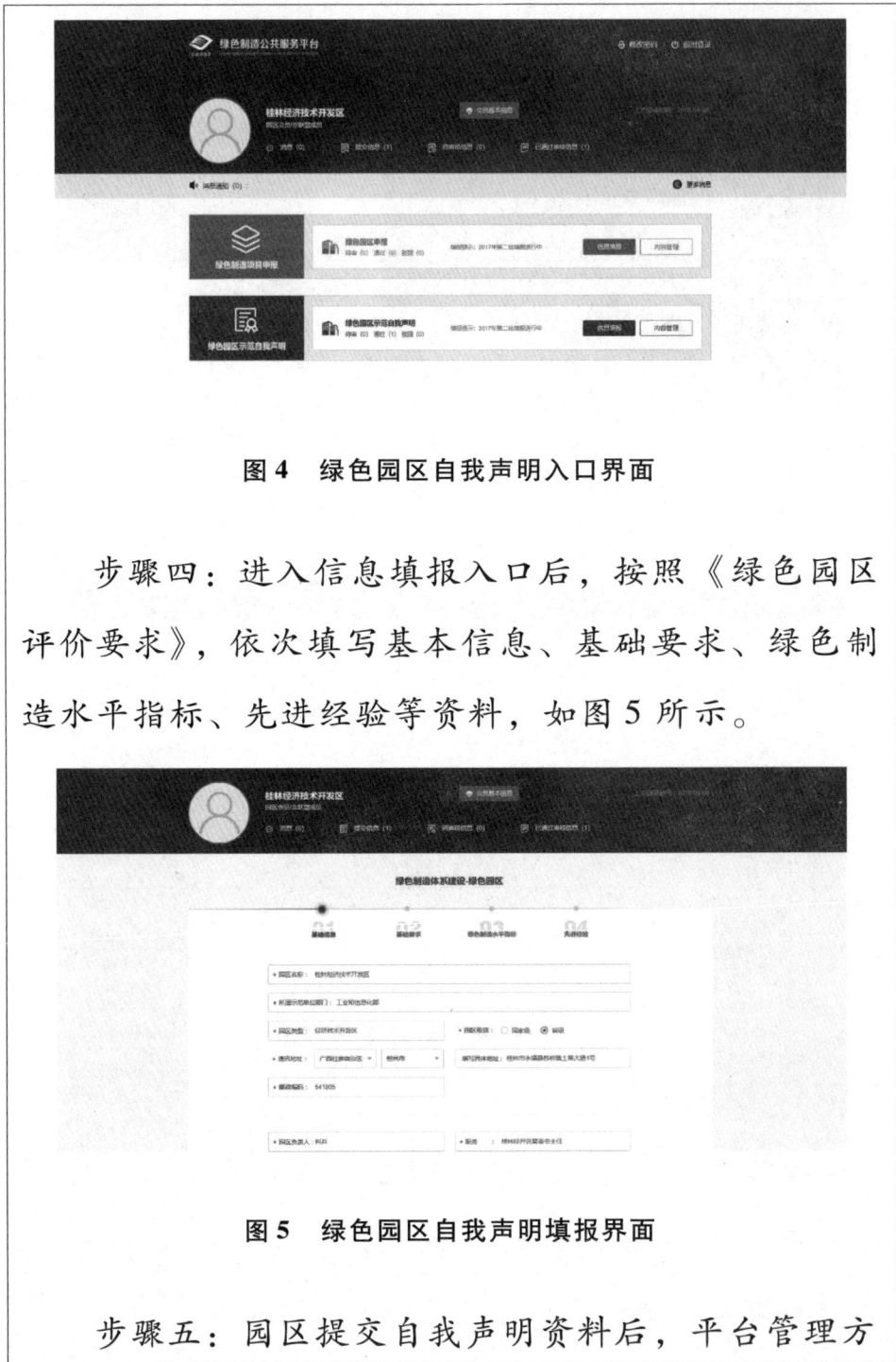

图 4　绿色园区自我声明入口界面

步骤四：进入信息填报入口后，按照《绿色园区评价要求》，依次填写基本信息、基础要求、绿色制造水平指标、先进经验等资料，如图 5 所示。

图 5　绿色园区自我声明填报界面

步骤五：园区提交自我声明资料后，平台管理方审核后公开自我声明信息，如图 6 所示。

图 6　绿色园区自我声明信息展示

截至 2018 年 4 月 2 日，已有 26 家绿色园区在绿色制造公共服务平台进行了基本信息填报，已有 18 家绿色园区完成自我声明并审核通过。

第四节　绿色园区评价报告的编制要求

绿色园区评价报告的编制对于科学、综合反映园区的绿色发展水平起着极其重要的作用。评价报告的编制应注意以下问题：

（1）报告要基于扎实的前期基础性工作。绿色园区建设是一项系统工程，与行业布局调整、产业升级、兼并重组、搬迁改造、危化品管理、安全环保、节能减排、循环经济等密切相关，涉及面广、涉及部门较多。对合理选址、产业链设计、能源绿色化、基础设施共享和绿色化、资源节约循环利用、土地集约和生态环境友好等方面提出建设要求，从整体上提升园区的绿色化水平。通过对园区绿色发展现状水平进行客观评估，分析现阶段园区绿色发展所具有的优势、劣势及所面临的内外部发展机遇和挑战。

（2）对绿色园区创建成效的总结需体现先进性。绿色园区创建要从空间布局、产业发展、能源资源利用、基础设施建设和生态环境保护等多方面反映园区的绿色发展水平。不同的园区具有不同的主导产业以及经济发展的基础，因此，既要对园区整体的绿色发展水平进行分析和评价，也要体现园区绿色转型的努力程度。

（3）充分理解国家绿色园区的评价指标体系。绿色园区评价指标体系包括必选指标和可选指标两部分。指标计算需理解指标的科学含义和计算方法，全面、准确地反映园区相关情况，并提供相应的支撑材料及附件证明。

（4）突出园区绿色发展中的特色和亮点。我国幅员辽阔，不同园区所处的经济社会环境、主导产业、资源禀赋等都有显著的差异。既要准确把握绿色发展的丰富内涵和要求，又要充分体现园区不同的绿色发展路径和模式。

专栏 3-2　指标计算过程及不确定性分析示例

在编制绿色园区第三方评价报告过程中，指标评价过程是最重要的部分之一。每项指标评价过程应包括指标解释、计算公式、计算数据来源及证明材料、指标计算过程、不确定性分析等部分。

数据不确定性的产生原因比较复杂，可能是原始数据不准确，或是采用了不准确的文献数据，也可能是采用了为了满足特殊应用目的而经过处理的数据，如填补的缺失值或者集成数据。一般来说，来自园区统计部门的数据权威性和可信度较高，不确定性较低。评价过程中随机抽查并估算出的指标数据不确定性较高，应向有关方披露数据来源、数据收集方式、数据计算方法的不确定性。

以《广东惠州大亚湾石化产业园区第三方评价报告》编制过程中出现的土地资源产出率指标计算的不确定性为例。

1. 指标解释

土地资源产出率是指报告期内园区单位工业用地面积产生的工业增加值。工业用地面积是指工业园区规划建设范围内按照土地规划作为工业用地并已投入生产的土地面积。工业用地是指工矿企业的生产车间、库房及其附属设施等用地，包括专用的铁路、码头和道路等用地，不包括露天矿用地。

2. 计算公式

土地资源产出率＝园区工业增加值（万元，不变价）／园区工业用地面积（平方千米）。

3. 计算数据来源及证明材料

本指标计算过程中，2014—2016 年园区工业增加值（万元，不变价）数据来源于统计局提供的《申报国家绿色园区相关数据》（证明材料略）；园区工业用地面积数据来源于大亚湾区国土局所提供的《石化区年度集约评价更新成果》（证明材料略）。

4. 指标计算过程

根据大亚湾石化区提供的数据，2014—2016年园区工业增加值（万元，不变价）分别为3457827万元、3136249万元和3255426万元；2014—2016年园区工业用地面积为10.41平方千米、10.43平方千米和10.50平方千米。

根据土地资源产出率计算公式，2014—2016年园区土地资源产出率计算过程如下：

2014年土地资源产出率

＝3457827万元÷10.41平方千米

＝33.22亿元/平方千米；

2015年土地资源产出率

＝3136249万元÷10.43平方千米

＝30.07亿元/平方千米；

2016年土地资源产出率

＝3255426万元÷10.50平方千米

＝31.00亿元/平方千米。

5. 不确定性分析

指标数据中工业增加值（万元，不变价）来源于统计局提供的《申报国家绿色园区相关数据》，统计数据真实可靠，数据不确定性较低；园区工业用地面积数据来源于大亚湾区国土局提供的《石化区年度集约评价更新成果》，数据真实，不确定性较低。综上，评价组认为该指标数据不确定性较低。

资料来源：《广东惠州大亚湾石化产业园区第三方评价报告》。

第四章 国家绿色园区示范的成效

截至 2018 年 3 月，共有两批 46 家园区入选国家绿色园区，其中 26 家为国家级开发区，20 家为省级开发区。46 家绿色园区的名单如表 4-1 所示。从国家绿色园区的地域分布来看，东部、中部、西部均有分布，其中东部有 19 家园区，西部有 19 家园区，中部有 8 家园区，充分体现国家绿色园区创建的地域代表性。国家绿色园区的主导产业也各不相同，有以钢铁、建材、有色、石化等产业为主导的高耗能园区，也有以节能环保产业和高新技术产业为主导的低耗能园区，反映了国家绿色园区创建的产业多元化特点。国家绿色园区的规模也具有显著差异，既有生产总值超千亿元的园区，也有生产总值在百亿元之下的园区。46 家国家绿色园区的创建不仅带动了园区经济的快速发展，还有效地提升了园区的绿色发展水平，增强了园区绿色管理能力，系统提高了我国能源体系、资源利用体系、基础设施体系、产业体系、生态环境及运行管理的绿色创新水平。

表 4 - 1　　　　　　　　国家绿色园区名录

序号	省份	园区名称
1	天津	天津经济技术开发区
2	河北	安国现代中药工业园区
3	内蒙古	鄂托克经济开发区
4	内蒙古	乌海经济开发区海勃湾工业园
5	内蒙古	蒙西高新技术工业园区
6	吉林	长春高新技术产业开发区
7	吉林	长春汽车经济技术开发区
8	上海	上海化学工业经济技术开发区
9	江苏	苏州工业园区
10	江苏	邳州经济开发区
11	江苏	苏州国家高新技术产业开发区
12	江苏	张家港经济技术开发区
13	江苏	泰兴经济开发区
14	江苏	镇江经济技术开发区
15	江苏	东台经济开发区
16	浙江	湖州现代物流装备高新技术产业园
17	浙江	宁波石化经济技术开发区
18	安徽	宁国经济技术开发区
19	安徽	广德经济开发区
20	安徽	阜阳界首高新区田营产业园
21	江西	丰城市循环经济园区

序号	省份	园区名称
22	山东	聊城高新技术产业开发区
23	山东	日照市北经济开发区
24	山东	潍坊高新技术产业开发区
25	河南	洛阳高新技术产业开发区
26	河南	红旗渠经济技术开发区
27	湖南	浏阳高新技术产业开发区
28	湖南	宁乡经济技术开发区
29	广东	惠州大亚湾石化产业园区
30	广西	桂林经济技术开发区
31	海南	洋浦经济开发区
32	重庆	璧山高新技术开发区
33	四川	广元经济技术开发区
34	贵州	瓮安经济开发区
35	贵州	贵阳国家高新技术产业开发区
36	云南	昆明经济技术开发区
37	云南	呈贡工业园区
38	陕西	榆林经济技术开发区（榆神工业区）
39	青海	西宁经济技术开发区生物科技产业园区
40	宁夏	石嘴山经济技术开发区
41	宁夏	宁东能源化工基地
42	宁夏	银川高新技术产业开发区
43	宁夏	石嘴山生态经济开发区
44	宁夏	银川经济技术开发区
45	新疆	乌鲁木齐经济技术开发区
46	新疆	哈密高新技术产业开发区

第一节　能源资源利用水平显著提升

一　能源利用绿色化指标分析

能源利用绿色化主要由能源产出率和可再生能源使用比例、清洁能源使用率这三个指标来衡量。

（一）能源产出率

能源产出率指的是一定范围内生产总值与能源消耗量的比值，反映园区单位耗能的经济产出水平。该项指标越大，表明能源利用效率越高，反之越低。园区消耗的能源主要包括原煤、原油、天然气、核电、水电、风电等一次能源。能源产出率受园区产业结构、能源结构、生产技术水平及能源管理水平等因素的影响。2014—2016 年，46 家国家绿色园区的平均能源产出率由 3.83 万元/吨标煤上升到 5.38 万元/吨标煤（见图 4-1），高于绿色园区标准的引领值（3 万元/吨标煤），能源产出率年均增长率远远超过我国工业系统平均能效提升水平。

万元/吨标煤

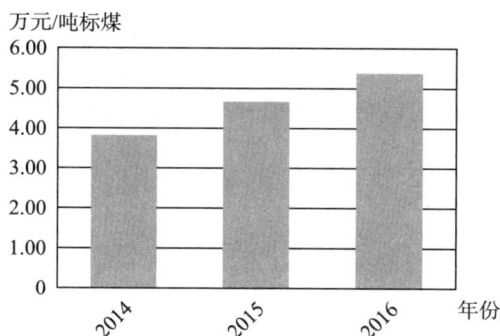

图4-1　46家国家绿色园区平均能源产出率

　　绿色园区将优化产业结构及能源结构、加大技术创新、加强节能管理作为提升能源产出率的有效途径。如重庆璧山高新技术开发区的能源产出率在绿色园区创建过程中一直稳步提升，并且高于引领值。园区采取的措施包括改善传统用能结构、建设园区智能微电网、提高太阳能等可再生能源使用比例、加强余热余压利用、完善能量梯级利用等。璧山高新技术开发区自2012年已实现100%无煤化生产，积极利用天然气及非化石能源进行调峰。云南呈贡工业园区从源头上严把行业准入关，实行严格的节能评估和审查制度，对新建、改扩建、搬迁改造等固定资产投资项目进行节能评估和审查；引导企业主动退出产能过剩行业，支持企业实施燃煤工业锅炉（窑炉）、余热余压利用、电机系统节能、能量系统优化等节能改造、合同能源管理和节能技术服务项目。宁夏石嘴山生态经济开发区把节能降耗作为转方式、调结构、拓空间的重要手段。认真开展节能监察，落实重点耗能企业节能管理措施，对重点用能企业能源利用状况进行跟踪审查，抓好成本控制和节能基础工作，通过执法监察促使企业规范节能管理。同时认真落实政策激励机制，按照自治区物价局的相关规定，对节能、环保达标的重点企业和设备生产用电给予电价优惠，并按照自治区招商引资优惠政策，给予环保节能类项目"企业所得税三免三减半"的优惠政策，激励企业实施节能改造的积极性。

（二）可再生能源使用比例

根据《中华人民共和国可再生能源法》，可再生能源是指风能、太阳能、水能、生物质能、地热能、海洋能等非化石能源。46 家国家绿色园区普遍开展了可再生能源的推广使用，依托园区当地太阳能、风电、地热能优势，因地制宜地发展可再生能源，通过推广太阳能、地热能、风能、生物质能等可再生能源，加快发展清洁能源。46 家国家绿色园区平均可再生能源的使用比例从 2014 年的 5.96% 上升到了 7.78%，上升幅度显著（见图 4-2）。2015 年陕西省装机规模最大的光伏电站在榆林经济技术开发区（榆神工业区）并网运营，办公楼及车间使用光伏发电，实现太阳能光电光热建筑一体化建设。榆林经济技术开发区 2013 年投资 2000 万元建设地源热泵系统项目，采用地缘热泵空调系统为 9 层的清水工业园创业服务中心和 26 层的创业大厦进行能源供应。山东潍坊高新技术产业开发区的华潍热电利用生物质能发电，潍坊特钢利用余热余压发电。江苏苏州工业园发展分布式能源，提高可再生能源比例，累计建成并网发电的光伏项目达 20 个，总装机容量达 40.58 兆瓦。

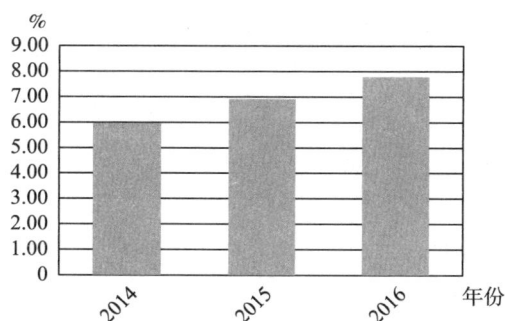

图 4-2　46 家国家绿色园区平均可再生能源使用比例

（三）清洁能源使用率

清洁能源包括用作燃烧的天然气、焦炉煤气、其他煤气、炼厂干气、液化石油气等清洁燃气，电和低硫轻柴油等清洁燃油。为改善大气环境质量，提高能源效率，依托绿色园区创建，入选园区均采取了一定的措施提高清洁能源比例，用清洁能源代替煤、油等化石清洁能源。江苏邳州经济开发区将区内所有工业燃煤锅炉替换成燃用天然气等清洁能源的锅炉，或采用集中供热系统，全面实现了区内无燃煤锅炉。安徽宁国经济技术开发区积极推动园区企业实现煤改电、电改气等用能方式转变，园区重点用煤企业已全部实现煤改电。如图4-3所示，2014—2016年，46家国家绿色园区清洁能源使用比例从48.01%提高到53.36%，即超过一半的能源消费由清洁能源提供。

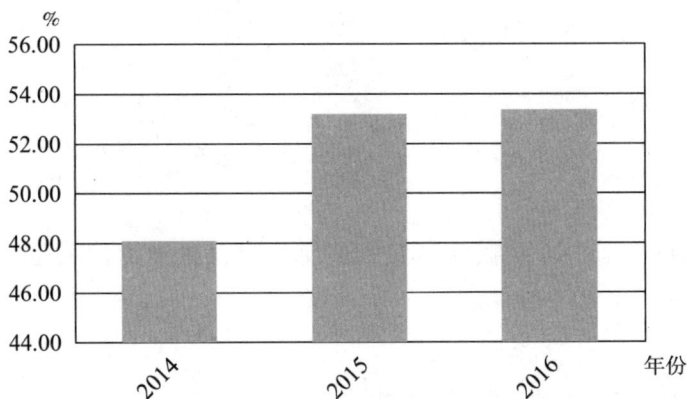

图4-3　46家国家绿色园区平均清洁能源使用比例

二 资源利用绿色化绩效

（一）水资源产出率

水资源产出率是衡量园区企业技术水平、水基础设施完善程度、水资源管理能力建设的综合指标。对于工业园区而言，可以通过以下措施提高水资源利用效率，一是推广使用先进适用节水技术、实施技术改造，推动重点企业用水总量控制，同时推广使用水循环利用效率高的技术设备，推动重点耗水企业实施中水回用。二是通过行业间链接共生，形成水的分质分级使用，优化园区水代谢过程。三是加强环境基础设施建设，提高中水回用率，减少园区废水排放量。如图4-4所示，2014—

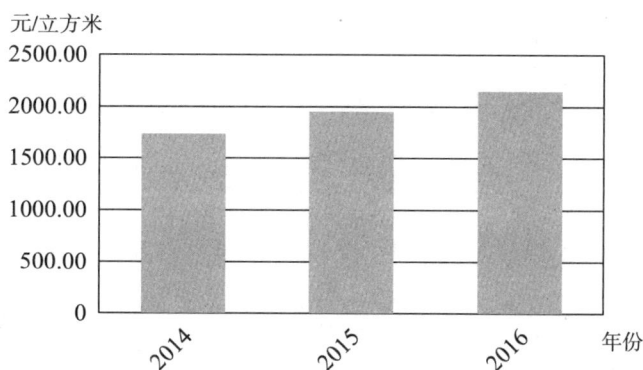

图 4-4 46 家国家绿色园区平均水资源产出率

2016年，46家园区水资源产出率从1737.87万元/吨提高到2150.64万元/吨，高于1500万元/吨的引领值，也明显高于国家生态工业示范园区标准。

（二）土地资源产出率

土地资源产出率是指单位土地上的平均年产值，是反映园区土地利用效率的一个重要指标。优化园区空间布局可以有效提高园区土地利用率，多数园区都会采用通过划分功能分区的方式形成特色产业集聚发展，这样有利于园区根据产业上下游产业链匹配情况，合理安排关联项目建设布局，形成企业能源梯级利用和物资高效循环的空间布局，提高土地资源利用率。绿色园区中的化工园区通过推广公用工程设施联合共享，集中布置，可以有效减少占地面积，节约土地。安徽宁国经济技术开发区在项目用地控制上，按照投资强度、容积率、建筑系数等控制指标要求，核定用地规模。在园区大力推动中小企业创业园建设，以减少经济技术开发区用地，对于投资额低于一定额度的项目，统一安排进入中小企业创业园发展。对企业建设多层厂房给予奖励，着力提高土地单位面积产出率。如图4-5所示，2014—2016年，

46 家国家绿色园区土地资源产出率从 14.28 亿元/平方千米提高到 16.01 亿元/平方千米。

亿元/平方千米

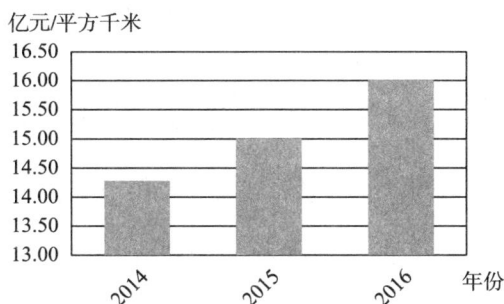

图 4－5　46 家国家绿色园区平均土地资源产出率

（三）工业固体废弃物处置利用率

工业固体废弃物是指在工业生产活动中产生的各种废渣、粉尘及其他废物，包括一般工业固体废弃物及危险废物。对一般固体废弃物进行分类收集，可以有效提高处置利用率。天津经济技术开发区推进其园区内环保科技公司投资建设一般工业固体废物分拣中心项目，为其他生产型企业提供物业化的废物管理服务，推进工业固体废弃物的规范化分类收集。贵州瓮安经济开发区围绕磷化工打造了一批废弃物资源化再利用项目，特别是黄磷尾气的净化和尾渣综合利用、磷石膏制酸联产水泥／土壤调剂等，有效提高了一般工业固体废弃物的利用率。安徽宁国经济技术开发区以工业废渣、粉煤灰、农业废弃物等为原料，通过推进园区道路桥梁、排水排污、绿化亮化等基础设施建设，消化吸收大宗工业固体废弃物，同时引进新型建材、有机肥加工生产线等，协同处理园区的各类固体废弃物。如图 4-6 所示，2014—2016 年，46 家国家绿色园区固体废弃物处置利用率从 83.43% 提高到 85.22%。

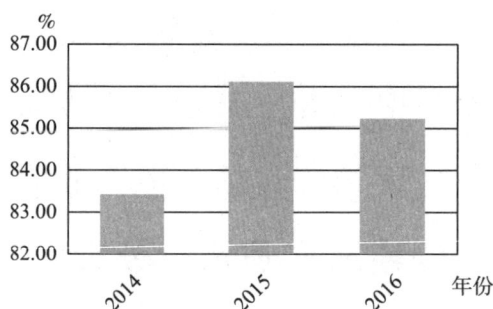

图 4-6　46 家国家绿色园区工业固体废弃物综合利用率

（四）工业用水重复利用率

工业用水重复利用率是指工业企业重复利用的水量与总用水量的比例，是企业层面上开展的水资源的多级重复利用。提高水资源重复利用率，可以替代和减少新鲜水的输入，同时减少废水的排放量，从而达到节水的效果。企业可以根据生产工艺对水质和水量的要求，重复利用生产用水，实现循环使用、一水多用和串级使用，园区可以通过为企业设定节水目标及提供节水技术，来指导企业提高工业用水重复利用率。江苏邳州经济开发区出台了节约用水办法，建立节水目标体系，实施节水目标责任制，将节水目标进行分解，组织各用水单位做好节水目标规划，完善企业内部目标管理体系，发展节水型产业和企业，加大节水技术改造力度，指导和服务企业实施直排水改循环水工程，提高工业用水重复利用率。针对区内高耗水行业和企业存在的问题，邳州经济开发区组织科研力量进行节水技术改造，实施循环用水和多级串联用水、废水处理及回用、逆向冲洗、水质稳定处理、锅炉水处理顺流改逆流等技术。同时，制定了工业节水技术改造投资导向目录，鼓励和支持企业增加节水技术改造和废水回用的资金投入。46家国家绿色园区在创建的过程中，工业用水重复利用率稳步提升，如图4-7所示，从2014年的82.5%上升到了2016年的83.99%。

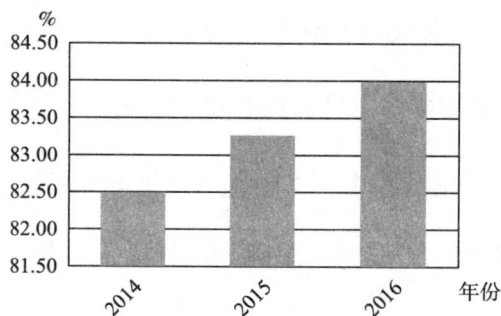

图 4 - 7　46 家国家绿色园区工业用水重复利用率

（五）中水回用率

中水是指二级达标水经再生工艺净化处理后，达到中水水质指标要求，可以用于绿化浇灌、车辆冲洗、道路冲洗等使用要求的水。46 家国家绿色园区的中水回用率从 2014 年的 37.32% 上升到了 2016 年的 40.19%（见图 4 - 8）。不同地区中水回用率的差异较大，如鄂托克经济开发区、乌海经济开发区海勃湾工业园的中水回用率可以达到 90% 以上。天津经济技术开发区也十分重视水资源的高效利用，在东区建设再生水网管建设，再生水输送能力达到 3 万吨/日，西区建设了污水深度处理设施人工湿地，已实现西区污水零排放。浙江湖州现代物流装备高新技术产业园区推进了 8 家大型纺织印染企业实施废水处理和中水回用项目。及

时地推广应用中水循环利用效率高的技术设备，并重
点推进污水处理厂中水回用利用工程、印染废水综合
利用集成技术示范、中水回用减排降耗综合技术改造
等项目，有效提高了园区的中水回用率。

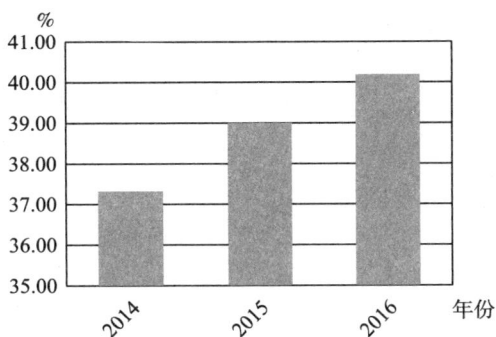

图 4-8　46 家国家绿色园区中水回用率

（六）余热资源回收利用率

余热资源回收利用是指将工业过程产生的余热回收
重新利用的过程。工业余热资源广泛存在于工业各行业
生产过程中，提高余热资源回收利用率成为推进我国节
能减排工作的重要内容之一。园区余热资源回收利用率
与其产业结构高度相关，内蒙古乌海经济开发区海勃湾
工业园积极推进利用钢铁、化工等行业企业的低品位余

热回收利用，区内企业实施了高炉余压 TRT 发电项目，园区所有焦化装置均在焦炉烟囱处实施了烟气余热回收工程，收到明显的节能效果。天津经济技术开发区推进东海碳素公司实施了 6 万吨/年炭黑排放的可燃尾气综合利用项目，实现企业余热与园区的共享。46 家国家绿色园区整体的余热资源回收利用率也在稳步提升，从 2014 年的 59.96% 提升到了 2016 年的 67.90%（见图 4 - 9）。

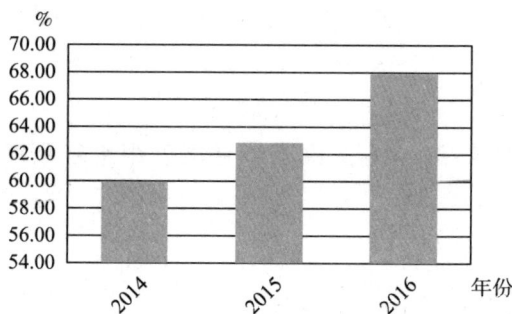

图 4 - 9 46 家国家绿色园区余热资源回收利用率

（七）再生资源回收利用率

再生资源回收利用可以有效提高园区资源利用效率，减少污染物排放。46 家国家绿色园区再生资源回收利用率在创建期间提升显著，如图 4 - 10 所示，2016

年该比例已从 2014 年的 84.13% 提高到了 92.65%。天津经济技术开发区与周边区域建设的垃圾焚烧厂、污泥综合利用公司签署合作，实现污泥 100% 综合利用以及餐厨垃圾的综合利用。内蒙古鄂托克经济开发区开展了水泥窑协同处置城市生活垃圾，全面推动了再生资源的综合利用。江苏苏州工业园区开展了生活垃圾分类试点，配合垃圾分类大分流工作，推进生活垃圾处理减量化、资源化和无害化。云南昆明经济技术开发区推进固废集中处理设施建设，推进东片区建筑垃圾废弃物资源化处理示范工程、昆明市城市餐厨废弃物处理示范项目和昆明中电环保电力公司的垃圾焚烧厂项目，实现生活垃圾 100% 无害化处理。江苏苏州高新技术产业开发区加强垃圾综合处理，建设完善的生活垃圾收集、转运及无害化处置系统，逐步提高垃圾分类收集水平，推进餐厨垃圾无害化与再利用处理设施建设，新建日处理餐厨垃圾 150 吨、厨余垃圾 150—350 吨的餐余资源循环利用工厂，实现镇村生活垃圾 100% 无害化处理。内蒙古乌海经济开发区海勃湾工业园依托乌海及周边 80 万人口的物资消耗能力，建设年回收利用 20 万吨汽车拆解、再生有色金属等废旧物资的亨东再生资源产业园，蒙西地区废品收购站将被纳入该体系，形成以城市社区、集散市场、加工利用"三位一体"的再生资源回收网络体系。

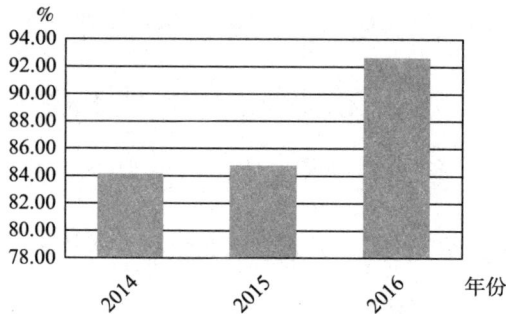

图 4 – 10   46 家国家绿色园区再生资源回收利用率

第二节   产业绿色化水平持续提高

一   高新技术产业产值占园区工业总产值的比例

高新技术产业是以高新技术为基础，从事一种或多种高新技术及其产品的研究、开发、生产和技术服务的企业集合。入选国家绿色示范的 46 家园区作为绿色产业发展的引导者，将绿色集聚发展、绿色产业生态化链接作为提高园区竞争力的重要手段和方式。树立并践行创新、协调、绿色、开放、共享五大发展理念，走新型工业化道路，抓住工业智造、"互联网＋"等新一轮科技革命和产业变革的时机，实施产业升级，建设绿色智慧园区，已成为绿色园区发展的核心理念。在这一理念指导下，促进先进制造业绿色发展和传统制造业绿色改造，推动绿色产品、绿色企业等绿色制造体系建设，发挥工业园区集聚优势，通过补链和拓链招商，优化企业间、行业间产品链和废物链，纵向延伸成链，横向耦合成网。同时，坚持传统产业改造升级与高新技术产业培育壮大并重发展，加快战略性新型产业发展，注重发展智慧制造业和生产性服务业。

天津经济技术开发区实施以"点、线、面"同时优化、"产业链、产品链、废物链"共同构建、"集团化、基地化、链条化"同步实施为特色的全方位、系统的产业绿色化发展战略，探索打造清洁高效的绿色产业体系。湖南浏阳高新技术产业开发区以国家再制造产业示范基地为依托，大力打造"再制造医院"，重点推进再制造产业发展中心、再制造生产配套中心、再制造旧件物流回收中心、再制造检测检验中心等平台。江苏苏州高新技术产业开发区已逐渐形成了以跨国公司投资为主体的高新技术产业群，区内 90% 以上项目均集中在电子信息、精密机械、精细化工、新材料和环保等新兴产业方面，并以此形成主导产业，其中电子信息产业的产值占区域工业总产值的 70% 以上。2014—2016 年，绿色示范园区高新技术产业产值占比保持较高水平，并稳步提升，如图 4 - 11 所示。

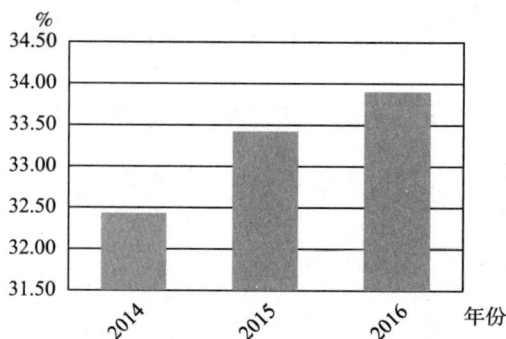

图 4 - 11　46 家国家绿色园区高新技术产业产值占比

二　绿色产业增加值占园区工业增加值的比例

绿色产业是指与节能环保和新能源相关的产业，入选园区依托自身产业基础，积极引导绿色产业发展，壮大绿色产业体系。多家企业同时注意培育新兴清洁技术产业，形成由维斯塔斯、京瓷太阳能等组成的全国最大的风电装备、锂电池、太阳能电池等新能源产业基地。江苏东台经济开发区已初步具备风机、塔筒、风电叶片、光电晶体等十几个产品的规模生产能力，与东台沿海经济区相辅相成，利用百万亩滩涂丰富的风电资源，形成了完整的光伏光电科技产业体系，打造成为东台市"风光渔"互补新能源基地，吸引了一批风电叶片项目及光伏设备制造项目。吉林长春汽车经济开发区的一汽集团制定了"蓝途战略"，将"蓝途低碳技术"应用于新产品的设计与生产之中，借助这些技术，一汽集团成功实现了自主商用车产品节油 15% —20%，乘用车产品节油 20% —30% 的降耗目标。一汽集团在全国率先发布首批量产新能源汽车，体系化地解决了新能源汽车整车平台开发，电机、电池、电控等关键总成开发中所面临的一大批技术难题。2012 年在全国率先发布了中国一汽首批量产的四款新能源汽车。其新能源出租车、公交车已在长春市示范运行。如图 4 - 12 所示，46 家国家绿色园区绿色产业占比已经达到了 27.82%。

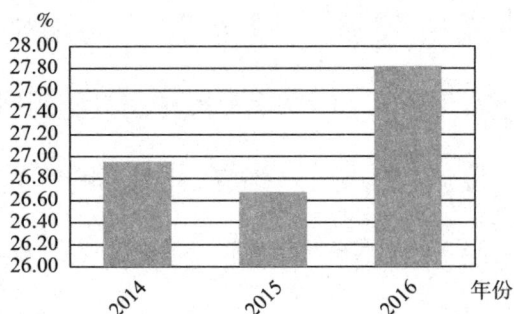

图 4 - 12   46 国家绿色园区绿色产业占比

第三节   基础设施与生态环境明显改善

一   基础设施绿色化

(一) 污水集中处理设施

《水污染防治行动计划》对工业集聚区水污染集中治理提出了强制性要求,要求园区按规定建成污水集中处理设施,并安装自动在线监控装置。目前入选的 46 家国家绿色园区均已按相关要求完善了污水集中处理设施,实现了污水管网的全覆盖,并安装了在线监测装置,污水集中处理设施完善率达到 100%。在此基础上,各园区根据实际情况,探讨通过生态湿地等途径实现污水深度处理,如上海化学工业经济技术开发区实施了生态湿地项目，通过气浮池末端增加"V"形滤池，臭氧氧化系统增加双氧水投加，臭氧系统末端增加生物滤池，提高 COD、氨氮、总氮、总磷等污染物的去除能力；天津经济技术开发区西区利用生态湿地进行污水深度处理，实现了污水的零排放。

（二）新建建筑中绿色建筑比例

绿色建筑是指按照相关绿色建筑标准，达到两星以上的工业建筑及公共民用建筑。提高绿色建筑的比例，可以有效降低建筑运行中的能耗，达到节能的效果。园区通过既有建筑节能改造及在新建建筑设计中落实相关标准，来提高绿色建筑比例，推进建筑节能。上海化学工业经济技术开发区采取系列措施系统推进建筑节能，对新建、改建、扩建厂房、公共民用建筑全面执行国家节能设计标准，在厂房车间、大型公共建筑和党政机关办公楼实施低碳建筑试点，推广公共建筑太阳能使用工程。江苏苏州工业园区所有新建民用建筑和公共建筑中绿色建筑面积比例达到 100%，共有近百个项目通过了各级绿色建筑认证，同时开展了公共建筑节能审计，挖掘各类低碳改造项目 156 个，年节电量超过 2400 万千瓦时。通过对既有建筑开展节能改造，苏州工业园区完成近 50 万平方米的既有建筑节能改造，应用可再生能源的建筑面积达到 1220 万平方米。四川广元经济技术开发区大力推进建筑节能，对新建、改建、扩建厂房、公共民用建筑全面严格执行国家节能 50% 的设计标准，在厂房车间、大型公共建筑和党政机关办公楼实施低碳建筑试点，重点实施公共机构太阳能利用工程。

二　生态环境绿色化

（一）工业固体废弃物（含危险废物）处置利用率

目前，各园区越来越重视工业固体废弃物的安全处置利用工作，并依据相关规定完善危险废物收集转运和处置的全过程监管，各园区危险废物的收集处置率达到 100%。对一般工业固体废弃物，各园区积极发展静脉产业，提高一般工业固体废弃物的利用率。吉林长春汽车经济开发区的汽车静脉产业发展迅速，2014—2016年，以一汽综合利用有限公司为核心，建设形成了汽车拆解和发动机再制造、危险废物处置、漆渣制替代性燃料、32 万吨粉煤灰制砖等项目为主的固体废弃物循环利用基地，建成技术先进的自动拆解报废汽车两万辆的生产能力，形成了年再制造解放系列柴油机 2000 台、一汽大众 EA 系列发动机 1 万台的生产能力，年回收废旧钢铁 1.88 万吨。综合瑞曼迪斯公司对一汽集团大众、解放、丰越企业所产生的废有机溶剂进行再利用，剩余难以利用的 10% 为塔底产生的具有高燃值的浓缩废料，将其烘干漆渣，制成 EBS 替代性燃料，供给亚泰水泥厂，形成良好的循环体系。内蒙古乌海经济开发区海勃湾工业园内天宇公司利用煤矸石煅烧双 90 高岭土，京海电厂利用煤矸石和劣质煤发电，数量不少的商砼、建材和水泥企业利用粉煤灰生产水泥和建材制品，已经形成园区内部的商砼区，具有相当规模。内蒙古海能实业有限公司粉煤灰制超细环保纤维项目、利用粉煤灰制取超细纤维、造纸浆、特种纸、保温材料等新型材料。宁夏宁东能源化工基地围绕三废治理形成了集环境保护与产业发展于一体的环保产业新路，利用环保产业园及仁和等工业固体废弃物综合利用企业，可消化园区内发电、化工企业产生的 1800 万吨废渣，利用电石渣制水泥、煤粉灰加砌块、焦炉尾气制甲醇，年减少焦炉尾气排放 4 亿立方米；引进零碳清洁燃料技术，将二氧化碳作为原料，电解还原为合成气或甲酸，进而制备甲醇和异丁醇等有高附加值的化学产品。

（二）万元工业增加值碳排放消减率

碳排放消减率是指园区内工业企业产生的二氧化碳当量的消减率。工业低碳发展是我国应对气候变化的重要措施之一，也是园区绿色发展的重要内容之一。天津经济技术开发区成立了国内首家低碳发展中心，为园区低碳绿色发展提供系统管理服务。推动了近100家企业开展温室气体排放核查，为区域设立碳减排目标奠定了基础。内蒙古乌海经济开发区海勃湾工业园采取系列措施推进重点行业低碳转型，采用先进适用的低碳技术，控制工业过程温室气体排放，促进行业碳排放强度下降，其中乌海市华信焦炉煤气制 LNG 项目，充分利用焦炉煤气中的富氢和一氧化碳，通过甲烷化技术生产天然气，由高碳能源转化为低碳能源。河南洛阳高新区依托绿色园区建设，系统开展园区内运营企业碳排放情况摸底、数据采集和数据核查工作，并编制园区年度碳排放清单，建立碳排放数据统计和管理体系。河南洛阳高新技术产业开发区计划开展园区内运营企业碳排放情况摸底、数据采集和数据核查工作，编制园区年度碳排放清单，建立区域碳排放数据统计和管理体系。

（三）主要污染物弹性系数

主要污染物弹性系数反映了园区主要污染物控制强度变化与经济增长率变化之间相对变动的情况。为实现绿色发展，园区一方面通过集聚绿色产业，带动能源梯级利用、水资源循环利用、废物交换利用、土地节约集约利用，提升园区资源效率，另一方面采取结构减排、工程减排、管理减排等措施，持续降低污染物排放。

浙江湖州现代物流装备高新技术产业园区提出"五水共治""五气共治"等系统减排方案。深化河长制，实施河道水环境分类管理和亮牌警示，在部分重要河道安装"电子河长"，打造十条示范河道、百条提升河道，持续推进河道清淤、截污纳管、农村生活污水治理，水生态环境明显改善；通过"五气共治"，以工业废气治理、交通尾气治理、城乡烟（尘）气治理为突破口，全面推进工业废气治理、机动车船尾气治理、城乡建筑道路扬尘治理、生活毒气治理、烟民烟气治理"五气共治"工作，建立系统治气、源头治气、科学治气、依法治气的长效管理机制。宁夏银川高新技术产业开发区注重培育环保产业，提升环保服务水平，大力发展环境污染治理服务和环保设施运营服务，培育了一批以污水垃圾处理、脱硫脱硝、除尘、生态修复、环境监测为重点的专业化环保设施设计、建设和运营企业。

上海化学工业经济技术开发区集聚了一批专门以上游企业产生的废弃物为原料的企业，实现资源共享和副产品互换，促进企业废弃物的综合利用。以水务、热电、工业气体公司为主建设公用工程"岛"，实现水、电、热和气的集中供应，实现物质闭路循环、能量多级利用的模式。广东惠州大亚湾石化产业园区的两台大型燃煤发电机组先后完成近零排放改造，其中的机组升级改造项目成为省燃煤发电机组烟气污染物近零排放示范工程之一。内蒙古蒙西高新技术工业园区，深入实施重点工业行业提标改造，大幅减少工业污染物排放，大力推进煤炭、焦化、电力、冶金、氯碱化工、天然气化工等水污染重点控制行业的提标改造，积极推动重污染行业工业废水的深度处理与回用；全面实施火电、焦化、冶金、电石、水泥五大行业废气治理改造工程，推动二氧化硫、氮氧化物等污染物总量控制和超低排放。并坚持以"节能、降耗、减污、增效"为目标，将清洁生产作为源头控制的资源环境策略持续推广应用于工业生产过程和产品中，污水处理厂、高盐水综合利用项目已投运，园区内工业废水回收利用率进一步提高。

（四）绿化覆盖率

绿化覆盖率既是反映园区生态环境建设的指标，也是体现园区生态服务功能强弱的一个重要指标。46 家国家绿色园区的绿化覆盖率逐步提升（见图 4 - 13）。入选园区一方面努力提高工业用地的集约化程度，另一方面从提升园区复合功能的视角，统筹安排生产、生态、生活"三生"空间布局，加快园区绿道网建设，推进生态屏障建设。安徽阜阳界首高新区田营产业园对公共地段实施绿化加密工程，形成乔灌结合、四季辉映、点线面交织的全景式生态园林，并规划建设滨河生态景观带、步行系统，构建生态廊道。贵阳高新技术产业开发区对园区进行合理布局和空间整合，优化路网结构，加强功能区、绿色系统、空间环境的有机联系。吉林长春高新技术产业开发区建设八一水库生态湿地公园，加快永春河、富裕河水系、水体综合整治，构建沿河生态景观带，努力打造滨水蓝天、人与自然和谐的园区。吉林长春汽车经济技术开发区建立了全国最大的汽车主题公园，同时以公园、绿地、水系建设为载体，形成中央生态绿轴，打造城市中心公园、休闲旅游公园、康体养生公园、生态运动公园相联的绿色生态布局。乌鲁木齐经济技术开发区以打造大小绿谷为抓手，开展广覆盖、多层次的绿化工程，配套小绿谷服务设施，完成大绿谷绿化项目，新建一批小游园、小水面的绿色活动空间，努力打造山水相间、宜业宜居的良好环境。

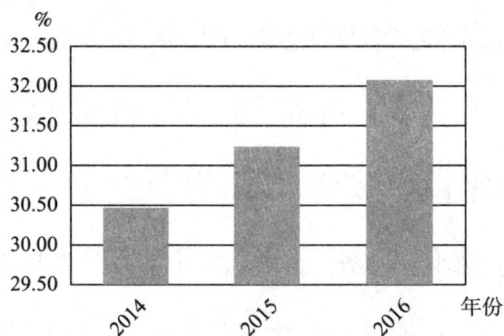

图4-13　46家国家绿色园区绿化覆盖率

第四节　运行管理绿色化逐步完善

园区运行管理绿色化指标包括绿色园区标准体系完善程度、是否编制绿色园区发展规划和绿色园区信息平台完善程度3个指标。作为绿色体系建设发展的保障机制，园区不断探讨和完善绿色运行管理体系，逐渐形成系统完善的运行管理体制机制。

完善园区绿色管理政策机制是保证园区实现绿色发展的关键，上海化学工业经济技术开发区为不断提高绿色管理能力采取了系列政策：推行严于国家和地方的《上海化学工业区企业执行污染物排放标准体系的指导意见》；修订节能减排、资源综合利用资金扶持政策；结合专项发展资金管理细则修订、完善园区绿色生态发展资金保障；开展污染溯源研究和污染扩散模型应用研究；开展挥发性有机物排放控制与监管体系研究和LDAR第三方复核；开展区域环境质量和重点污染源调查监测；开展土壤环境质量调查；配合市环保局开展污染源普查。

完善在线监控和信息平台建设是保证园区绿色运行管理的重要抓手，通过推行园区资源、能源、环境的数字化、智能化管控系统建设，实现资源、能源及污染物动态监控和管理。上海化学工业经济技术开发区开展在线监控和信息平台建设，建设完善环境综合监控网络和环境综合监管信息平台，启动园区重大危险源安全联网监控试点，建成危险化学品重大危险源数据库；配合市安监局完成本市危险化学品电子标签试点工作；启动能源管理中心建设，对园区用能情况进行监控，并上传至市级能效监控平台。环境综合监控网络和环境综合监管信息平台的计量、监测、统计等基础能力不断提升，资源、环境领域智能化管控实现全覆盖，园区主要污染物排放实现全面监控，绿色化水平实现可视化。

绿色金融是绿色建设的重要资金保障，贵州贵阳高新技术产业开发区积极打造绿色金融体系，尝试设立贵阳国家高新技术产业开发区绿色发展专项基金，由财政拨款，支持重点企业在重大项目、技术研发、绿色发展基础设施建设方面的投入。以科技银行为依托，积极引导和推动，逐步打造绿色发展投融资平台，支持园区绿化，增加碳汇、建筑节能等项目。对开发区金融机构加大园区绿色创建宣传和重大项目引导，组织多种形式的投融资对接会议，解决绿色制造技术及其产业化发展的融资障碍；完善绿色金融政策体系，健全绿色金融标准体系，以及建立"绿色信贷"目录指引银行相关业务发展；鼓励金融机构创新，探索发展相关金融衍生产品和服务。

为创新绿色体制机制，贵州贵阳高新技术产业开发区探索建立了企业绿色发展诚信制度，园区相关主管部门根据企业节能、减排、循环发展以及环境保护等行为信息，按照规定的指标、方法和程序，对企业进行绿色发展诚信评价，确定其信用等级，并将评价结果向社会公开，供公众监督，使其成为有关部门、金融机构等进行环境管理的手段。同时，加强与金融部门的联系沟通，发挥企业绿色发展诚信评价体系的引导作用。

第五章 绿色园区的典型
案例和经验

通过国家绿色园区的创建，不同园区探索了各地、各行业实现工业园区绿色发展的有效途径和模式。本章综合考虑地区差异、产业差异，选取了 6 家国家绿色园区，总结这些园区在实现绿色发展中的有效做法和成功经验。这其中既有高耗能园区，也有低耗能园区；既有产值逾千亿的园区，也有少于百亿的园区；既有国家级园区，也有省级园区；既有动脉产业园区，也有静脉产业园区。通过展示这些园区在绿色园区创建过程中的新理念、新思维、新举措和新模式，能为更多的工业园区实现绿色发展提供有益的借鉴和参考。

第一节 苏州工业园区

——坚持绿色引领 打造绿色经济新坐标

苏州工业园区自开发建设以来，秉持"改革开放试验田、国际合作示范区"的发展定位，始终以科学发展观为指导，积极践行绿色、低碳发展理念，全面推进绿色园区、生态文明试点园区和循环经济示范试点园区建设。经过20多年的开发建设，苏州工业园区不仅在经济发展、规划建设和机制创新方面引领了我国工业园区的发展，而且在园区绿色发展领域先行先试，努力探索，取得园区绿色发展的显著成效，成为我国工业园区绿色发展的一张新名片。

一 园区概况

苏州工业园区是中国和新加坡两国政府间的重要合作项目。1994年2月经国务院批准设立，同年5月实施启动，行政区划面积278平方千米，常住人口约80.78万。目前，园区已基本形成"2+3"产业发展格局，即以电子信息和装备制造业为主导产业，以生物医药、纳米技术、云计算为战略性新兴产业的产业格局，整体呈现出主导产业高新化、服务产业现代化、战略性新兴产业规模化的发展态势。2016 年，园区实现地区生产总值 2150 亿元，同比增长 7.2%；R&D 投入占 GDP 的比例达 3.36%，人均 GDP 超 4 万美元。经济运行呈现主要指标增长平稳，转型升级质效提升，发展动能加速转换的良好态势。2017 年园区在全国经济技术开发区综合考评中位居第一，在全国百强产业园区中排名第三，在全国高新区的排名上升到第五，体现了苏州工业园区在我国产业园区发展中的引领地位。

二　绿色发展的战略与举措

苏州工业园区以生态文明建设为指导，以建设高水平绿色园区为目标，以推进转变经济绿色发展方式为主线，以绿色发展能力建设和管理创新体系为依托，从空间、产业、能源、资源、环境等多个领域全面推进绿色发展，积极探索了生态绿色和区域一体化的园区发展模式。

（一）一张蓝图绘到底，将绿色生态的理念贯穿始终

园区创立之初，借鉴新加坡和国际先进城市规划建设经验，编制了高标准的总体发展规划，并建立了一系列刚性约束机制来保证规划实施始终如一，实现了"一张规划图，管了二十年"。规划执行过程中，贯彻了绿色生态的理念，园区规划者不仅率先引入了"白地""灰地""弹性绿地"等先进理念，对短期内不明确用途的地块实施弹性控制，避免了土地被低产出率的产业占用。在严格维护总体结构的前提下，允许地块适当分割、合并。在绿色园区建设中，秉承高品位和国际化理念，对标国际标准，在各项绿色园区指标中全面领先，尤其在空间布局领域，实施空间生态效率提升战略，强调以用地功能和强度调整促进空间效率的提升。通过工业用地的"退二优二"，提高土地利用效率，为经济发展释放更广阔的空间。园区通过提升公交走廊沿线用地的开发强度、加强地下空间的开发利用等途径，有效提升园区土地利用的空间效率和生态效率。对现有企业进行分类引导和管理，并以效益优先和集聚集约为核心，促进产业布局的调整与优化。

（二）不断提升绿色生产水平，实现产业和生态的融合发展

依托区域产业转型升级发展策略，加强对环保产业、清洁生产产业、清洁能源产业等绿色产业的扶持。依托生态科技城，大力引进培育生态环保、绿色节能等产业；通过推广技术改造政策，引导企业开展清洁能源替代、参与能源互联网、"三废"综合利用等清洁生产；鼓励能源企业通过燃机、分布式光伏、分布式天然气、储能、压差、生物质等多种方式进行清洁能源生产。全面推动区域低碳能力建设，围绕绿色管理、绿色工厂、绿色供应链、绿色产品等方面，提升企业绿色生产实践能力。园区还制定了产业规划，优化行政管理体制，不断完善生态产业链，推动产业高端化发展；完善企业分级管理模式，建立环保退出机制，创新社会治理模式，配套设立环保引导资金，积极推进环境管理创新；持续开展节能减排，严格实施污染物排放总量控制，大力实施低碳化能源结构调整和技术改造，实现挥发性有机化合物（VOCs）减排精细化管理；美化优化自然环境，深入开展水环境综合整治，优化绿化配置。

（三）以"互联网＋"的思维，加速能源资源的绿色转型

园区在能源利用领域，实施能源绿色转型战略，从供给侧和消费侧两方面协同推进工业园区的能源绿色转型。促进能源消费结构清洁化，加大对煤炭消费企业的限制、整治与关停工作力度，实现园区内煤炭消费总量的控制与降低，提升清洁能源使用比例；大力倡导区域内绿色能源科学应用、"互联网＋"思维，加速能源结构调整，推动智能微电网、多能协同、能源互联网等能源消费方式的创新；探索推广中低压直流配用电技术、人工智能、云计算和大数据等新技术在能源领域的应用。

在资源利用领域，实施资源循环转型战略，严把项目质量关，与新进企业签订产业发展协议，在能源消耗、资源利用、项目质效上进行约定；结合产业发展导向与用地适应性分析，确定分时序、分行业的制造业用地调整空间与改造策略；并以功能提升和特色营造为核心，促进工业用地的布局优化。加强区内工业企业对资源节约和环境友好理念的深化，推进企业节水、节热、节气设备改造与提升，同时加大企业废水、余热、废气

的回收利用，全面提升资源的综合利用率。

（四）建立绿色管理机制，不断完善绿色基础设施

苏州工业园区参考利用了新加坡的城市规划、经济发展、行政管理三个层次的先进经验，做到了合作中有特色、学习中有发展、借鉴中有创新。在运行管理领域，围绕建设国家级绿色示范园区、国家级低碳示范园区、国家级循环经济示范园区、国家级生态工业示范园区，从指导思想上进行转变，以质量改善为纲，进行总量控制，开展全过程管理和风险防控，将生态环境治理与节能减排、优化土地空间布局、产业结构调整等结合起来。一手抓生态环境问题，另一手抓生态文明建设的长效机制，全面系统地统筹推进；优化产业结构，推行绿色循环低碳的生产方式，抑制高耗能、高排放行业的过快增长，从源头上加强清洁生产，减少污染物排放。大力发展服务业和战略性新兴产业，持续推动节能减排，加快淘汰落后产能，推动传统产业改造升级。建立完善的绿色发展政策体系，以绿色发展为导向落实现有法律法规，加强生态环境、土地等方面的保护和管理，研究制定污染防治、技术改造、循环利用、清洁能源等政策措施；建立科学、规范的绩效考核制度，利用企业

资源集约利用平台，对企业进行分级考核，根据不同的评级，制定差别化的土地税等政策措施。启动重点用能单位目标考核体系，编制相应的节能降耗绿色发展考核及奖惩实施方案、评价考核指标及评分标准等文件；实现生活方式的变革，大力弘扬生态文明理念，加强生态文明宣传教育，营造良好的舆论和社会氛围，增强全民的节约意识、环保意识、生态意识，促进资源节约和环境保护。

在基础设施领域，园区联合国家电网苏州公司推动智能电网示范工程建设，为优化全区能源的传输配送奠定坚实基础；鼓励污水处理厂提标优化，实现污水管网区内全覆盖；推动港华燃气与华衍环境进行餐厨绿化垃圾处理项目建设；通过"以桩促车、以车引桩"，引导和规范园区电动汽车充电设施建设。同时，鼓励园区企业探索实现新能源利用及多能源之间的协同互补，推动区域内光伏、储能、充电桩、微电网等示范项目的建设。

三　绿色发展的建设成效与示范意义

苏州工业园区是中国工业园区发展的一面旗帜，不仅在规划建设、产业发展和政策创新等方面为其他园区树立了标杆，而且在绿色园区建设方面也同样起到了示范和引领作用，具体体现为：

（一）能源、资源利用效率显著提高

园区积极发展能源互联网，通过天然气分布式能源、分布式光伏、储能、地源热泵、新能源汽车组成能源微网，其中的多能互补集成优化示范工程、新能源微电网项目入选国家级示范项目名单。目前园区新能源汽车推广数超过 2500 台。2017 年，园区清洁能源占比超过 70%，全年备案分布式光伏项目装机规模近 42 兆瓦，总投资 3.05 亿元，已累计建成 54 兆瓦分布式光伏项目；建成天然气分布式能源站项目，装机容量达 1650 千瓦；建成园区低碳能源公共服务平台、"SIP 智慧充电"公共服务平台等专业互联网平台。2017 年，园区综合能源消费量约为 583 万吨标煤，GDP 单位能耗 0.248 吨标煤/万元，同比下降约 2.1%；单位 GDP 能耗达到或接近发达国家水平。

（二）产业发展的绿色新动能不断增强

产业绿色化突出表现在以发展服务型经济、创新型经济为重点，园区商贸、服贸、旅游、文化等现代服务业及生物医药、纳米技术、人工智能等战略性新兴产业发展态势良好。2017 年服务业增加值占 GDP 比例达 44%；生物医药、人工智能、纳米技术应用三大新兴产业产值同比增长约 30%，园区生物医药产业竞争力在全国高新区中排名第一，纳米技术应用产业被誉为全球八大微纳制造领域最具代表性区域之一。2017 年淘汰落后产能企业 30 家，全区企业技改投资 98 亿元，36 家挥发性有机物（VOCs）排放企业实现清洁原料替代。

（三）生态环境更舒适宜居

2017 年，区域环境质量综合指数达 97.4。园区已累计建成十多个大型公共绿地及主干路网与河道绿化景观工程，初步形成了一个多层次、多色彩、立体化的生态园林新城区框架，并结合道路、河道改造，不断完善提升道路河道绿地景观。已完成 5 个低碳社区创建，结合土地日、环境日、地球日等主题，组织开展各类低碳循环活动。

（四）绿色发展的长效机制日臻完善

园区从指导思想、产业结构、绩效考核、生活方式等多方面实现绿色化运行管理。首先统一思想，从制度上保障绿色园区建设。《苏州工业园区节能降耗、低碳发展行动计划》《绿色工厂与工业 4.0》《苏州工业园区绿色制造能力提升培训体系》等政策文件得到有效落实；环境保护、节能、技改等专项引导资金发挥积极作用；"两减""六治""三提升"行动取得积极成效。其次实现了产业结构绿色转型，环保产业集聚发展，清洁生产有序推进，清洁能源生产和消费量稳步上升。通过"263"行动计划考核、企业资源集约利用考核、节能降耗目标考核等考核体系，实现了绿色发展的量化到质变。结合文明城市建设和低碳社区建设，居民生活方式绿色化理念不断增强，逐渐形成节约资源和保护环境的主流价值观。

第二节　天津经济技术开发区
——遵循产业共生理念　打造清洁高效的
绿色循环产业体系

　　天津经济技术开发区从优化园区空间布局、调整提升产业结构、构建循环经济产业链、提高能源资源利用效率、加强污染集中防治、强化基础设施共享等方面，开展了形式多样的工作推动园区绿色发展。开发区在寻求发展的同时，不仅没有舍弃赖以生存的环境，而是加倍重视环境，走出了一条发展与保护并进、资源节约与环境友好共存的道路。园区贯彻绿色发展理念，使开发区在实现产业蓬勃发展的同时，依然有蓝天白云和碧水青山。

一　园区概况

天津经济技术开发区于 1984 年 12 月 6 日经国务院批准建立，是中国首批 14 个国家级开发区之一。目前已成为产值超 8000 亿元的产业新城，是天津市滨海新区的核心区和标志区。经过 30 多年的建设，天津经济技术开发区吸引了摩托罗拉、施耐德、维斯塔斯、丰田汽车、三星、大陆汽车和飞博来等一大批国际著名跨国公司、上千家工业企业，并形成了 50 多万人居住的新城，成为中国具有影响力的国际化工业园区、综合型工业城区。联合国工业开发组织在世界范围评选出的 100 个工业发展最快的地区中，天津经济技术开发区就榜上有名。天津经济技术开发区在如此短的时间内，获得如此快速的发展，不仅是中国工业园区发展中的典范，也有效地辐射带动了当地经济的发展。

二　绿色发展的战略与举措

（一）优化空间布局，塑造集群发展的空间支撑体系

天津经济技术开发区严格遵循全区发展与分区控制相结合、环境容量与产业集中布局相平衡、物质合理流动与产业集聚发展相关联的原则，实施"一区多园"的发展模式。在国家绿色园区创建期间，不断拓展园区的开发区域，并重点推进各园区的特色发展。

天津经济技术开发区重视与周边区域的耦合发展，着力落实京津冀一体化的发展战略，成为承接北京产业转移的重要基地，并借助北京科技发展能力提升高新技术水平。同时积极协同滨海新区其他功能区域，共享垃圾焚烧、工业污泥再生处理等基础设施，提高公共资源配置和运行的效率。

天津经济技术开发区积极推进劣势产能退出和置换发展高端产业。国家绿色园区创建期间将东邦铅酸蓄电池再生项目从东区迁入南港工业区；引入了一汽大众华北生产基地总投资 25 亿美元的项目，该项目成为天津市最大的外资先进制造业项目；引入总投资 110 亿元人

民币的中沙石化新材料园落户南港工业区，成为南港建设国家石化产业基地的标志性项目；还引入修正药业、斯堪尼亚卡车、托普索二期、石药健康产品、长芦新材料园、法液空等大项目；新一代卡罗拉、大众变速器、艾达变速器、长城汽车 H2 和 H6 增线等新项目也顺利投产。

（二）调整产业结构，打造清洁高效的绿色产业体系

天津经济技术开发区实施以"点、线、面"同时优化、"产业链、产品链、废物链"共同构建、"集团化、基地化、链条化"同步实施为特色的全方位、系统化的产业绿色化发展战略，探索打造清洁高效的绿色产业体系。

在国家绿色园区创建期间，天津经济技术开发区各主导行业产能进一步释放，顺利实施了三星电子、长城汽车二期、森精机、大众变速器、艾达等一批高水平、高效益的大项目；电子行业产值突破 2000 亿大关，手机产量近 1 亿部；汽车产业产品类别和产能双提升，新皇冠、新威驰、新长城下线，汽车整车产量首次突破 80 万辆；石化行业产值超过 1000 亿元，成为继电子、

汽车产业之后第三个千亿级产业。同时，培训新兴清洁技术产业，形成了由维斯塔斯、京瓷太阳能等组成的全国最大的风电装备、锂电池、太阳能电池等新能源产业基地；培育自主研发的膜技术，扶持津膜科技公司成功上市，成为中国第一个专业从事污水处理、中水回用膜技术研发的上市公司；培育云计算产业基地，以天河一号云计算中心为核心，吸引了腾讯、惠普等一批数据中心项目。另外，大力发展金融服务业、物流服务业、研发服务业、总部经济和专业服务业等生产型服务业；融资租赁、商业保理、消费金融等金融创新行业快速增长，商品销售额增速达 15%。

（三）升级现有支柱产业，完善循环经济产业链

天津经济技术开发区根据现有产业情况，实施"点—线—面"相结合的循环经济产业发展模式。第一，鼓励企业开展生态化管理。园区的部分企业已开展生态设计，如康师傅饮品的减量化包装设计等。第二，完善支柱产业循环经济产业链。围绕电子通信、装备制造、生物医药、食品饮料、石化产业等支柱产业，引入高水平的废物资源化配套项目，如泰鼎电子废弃物（锂电池）综合利用项目，完善电子信息行业循环经济

产业链；围绕汽车产业的废钢、废铝开展生产活动的虹钢铸钢、丰通再生铝项目等完善了汽车行业循环经济产业链；推动高能耗的食品行业与区域供热公司开展冷凝水回用工程，建立能源的梯级利用体系等。第三，构建产业共生网络。针对众多中小企业开展产业共生网络建设，推进废物规范化分类收集，基于市场原则开展副产品交换，推进区域废聚苯乙烯循环产业链、污泥再生利用产业链。第四，构建以水资源利用为核心的水务产业循环经济链。绿色园区创建期间，在中央财政资金的支持下，大力推进了东区、西区污水处理、再生水综合利用及网管建设，实现了区域污水处理能力达 15.75 万吨/日，再生水处理能力达 7 万吨/日，并在天津经济技术开发区西区创新了人工湿地项目，建立了区域水循环体系。

（四）促进企业生态化发展，提升能源资源利用效率

在国家绿色园区创建期间，天津经济技术开发区通过提高清洁能源利用比例来优化能源结构。新增供热项目全部实现热电联产；东区生活区由 4 台 20 蒸吨天然气锅炉供暖；西区生活配套区、泰达 MSD 等高端区域

以及长城汽车等大型厂房广泛采用地源热泵、太阳能等新能源。

为此，天津经济技术开发区设立节能工作领导小组，出台《天津经济技术开发区重点用能单位节能管理实施办法》，以企业签署节能目标责任书为抓手，以节能项目为依托，以管理体系建设为支撑，深化工业企业节能工作。截至 2017 年，已验收通过 35 个节能项目，提供节能补贴 692.74 万元，共完成节能量 48238 吨标煤。与此同时，率先全面执行建筑四步节能，推进一星、二星、三星绿色建筑认证，建设低碳示范楼宇及公共建筑能耗在线监控系统等。

2014 年，天津经济技术开发区成为全国首批低碳工业园试点单位，编制了《天津经济技术开发区低碳工业园试点工作实施方案》，推动近 100 家企业开展温室气体排放核查工作，为区域设立碳减排目标和参与碳交易奠定了基础。

（五）加强污染集中防治，保障区域环境安全

天津经济技术开发区为加强污染集中防治，认真落实新的《中华人民共和国环境保护法》，结合美丽天津一号工程，主要开展了以下工作。第一，开展了"清

新空气"行动，完成了7家企业挥发性有机物综合治理工程；完成区域热源厂实施脱硫脱硝除尘设施改造；完成金耀生物、金桥焊材等公司自备锅炉改燃或并网以及加油站油气治理设施改造；完成了27家餐饮企业的油烟治理。第二，开展了"清水河道"行动，排查东排明渠周边企业污水管网514家；排查各类窨井2256座次；完成了53家企业污水处理设施整改。第三，全面实施大气污染治理网格化管理模式，建立网格化的管理信息平台。第四，认真落实四项污染物总量控制目标，顺利通过2013年度及2014年度中期减排核查，重点减排项目按期实施。现代产业区热源厂脱硫改造工程完成验收，西区污水处理厂已启动污水深度处理项目前期工作，现代产业区污水处理厂基本完成整改。第五，加强环境监测监控能力建设。建设了区域环境监控预警系统，总投资3000万元，涵盖全区重点污染源的污水监测点55家，地表水站8家，环境质量噪声3家，烟气数据在线监测点位28个，视频在线监测点位4个，可随时掌握全区重点排放源主要污染因子的排放情况，大大降低了污染物的排放总量。第六，建立环保社会机制，制定并实施了《天津经济技术开发区企业环境诚信评价体系实施方案》（以下简称《实施方案》）。

（六）加强基础设施建设，提升共享与集约化运行水平

根据《实施方案》中的主要任务和重点项目计划，重点且有序地推进水资源供应、能源基础设施、固体废弃物综合利用及信息平台等基础工程项目。

（1）区域污水再生利用项目。推进东区再生水网管建设项目，实现了东区在省输送能力3万吨/日；推进西区污水深度处理项目及人工湿地建设项目，实现了西区污水零排放；推进南港工业去污水深水排放工程及人工湿地工程研究项目，保证了污水的安全排放。

（2）企业与能源共享设施项目。推进东海碳素公司实施了6万吨/年炭黑排放的可燃尾气综合利用项目，实现了企业余热与园区的共享；推进金耀生物园锅炉尾气综合利用项目等。

（3）废弃物综合利用项目。推进佛强环保科技公司投资建设一般工业固体废弃物分拣中心项目，为西区生产型企业提供物业化的废弃物管理服务；建设南港工业区危险废弃物处理中心，保证化工产业废弃物安全处理处置，同时还与周边区域的垃圾焚烧厂、污泥综合利

用公司签署合作协议，实现污泥100%综合利用以及餐厨垃圾的综合利用。

（4）循环经济公共服务平台项目。投资建设天津泰达低碳经济促进中心，为区内企业提供节能环保信息服务，技术对接服务、培训服务，重点构建产业共生网路，成为循环经济建设的支撑平台。

（七）打造全新管理体系，形成循环经济长效机制

在试点工作期间，天津经济技术开发区重点创新循环经济管理机制，借鉴欧盟、日本的固体废弃物管理模式，试行"区域产业共生网络建设""一般工业固体废物联单管理制度""工业固体废弃物生态管理标识活动"等做法，探索推进企业参与循环经济建设的驱动力。同时，开展园区物资流分析的研究工作，探索综合型园区循环经济建设过程中关键资源能源要素的合理使用方式，并以此为基础研究开发"天津经济技术开发区循环经济信息服务平台"。

三 主要成效与示范意义

（一）综合经济实力持续增强

2016年天津经济技术开发区主要经济指标完成年

度计划。全区生产总值突破 3000 亿元，固定资产投资完成 430.7 亿元。公共财政预算收入完成 468.1 亿元，继续在国家级开发区中保持领先，在滨海新区开发开放中继续发挥了主力军和排头兵的作用。

（二）经济发展质量继续提升

先进制造业运行平稳，第三产业保持稳步增长。2015 年，新增高新技术企业 106 家，其中国家级高新技术企业 29 家。新增科技型中小企业 1006 家，其中科技小巨人企业 64 家。全年高新技术企业实现增加值 406.21 亿元，增长 9.4%，占全区生产总值的比例为 14.0%。科技小巨人企业完成营业收入 2640.18 亿元，占"四上企业"① 营业收入的比例为 23.6%。单位工业用地面积工业增加值达 37.49 亿元/平方千米，单位工业用地面积工业增加值 3 年年均增长率为 5%。

（三）环境质量保持良好稳定

2015 年，空气质量达到二级良好及以上天数为 210 天，区域空气质量达标率为 57.5%。细颗粒物（PM2.5）年均浓度 75 微克/立方米，臭氧（O_3）年均

---

① 指规模以上工业企业、资质等级以上建筑业企业、限额以上批零住餐企业、国家重点服务业企业这四类规模以上企业的统称。

浓度 128 微克/立方米，区域环境噪声平均值为昼间 52.0 分贝，道路交通噪声平均值为昼间 64.6 分贝，符合国家相关区域环境标准。同时，全区集中式饮用水水源地水质达标率为 100%，污水处理厂出水水质达标率为 100%，市控重点水污染源在线监控率达 100%。另外，区域绿化建设持续推进，全年新增绿地面积 44.70 万平方米。2015 年年末，全区绿地面积为 2233.49 万平方米。其中，公园面积 155.30 万平方米。建成区绿地率为 28%，绿地覆盖率为 30%。

（四）公共服务能力逐步提升

天津经济技术开发区通过实施相关鼓励政策，搭建公共服务平台，推动区内企业积极将清洁生产、节能降耗、污染治理等工作落到实处，提高了资源、能源利用率，降低了污染物排放程度，取得了良好的生态环境绩效。目前，园区拥有两家国家环境友好型企业，7 家天津市环境友好型企业，3 家天津市清洁生产示范企业，146 家单位发布《企业环境社会责任报告》，290 家企业建立了 ISO14001 环境管理认证体系，248 家企业加入区域产业共生网络。同时，通过开设企业环境教室，开展绿色生活微课堂走进企业、走进社区、走进学校系列活动，开放"泰达绿色技术产品展厅"等措施，提升了园区居民的绿色、低碳、循环发展意识，推进了生态文明建设。

第三节　上海化学工业区

——坚持绿色发展　打造绿色价值链

上海化学工业区通过国家绿色工业园区建设已取得积极成效。相较于 2013 年，单位工业增加值能耗下降45.8%；单位工业增加值 SO_2 排放量下降59.9%，单位工业增加值 COD 排放量下降45.7%，单位工业增加值新鲜水耗下降31.5%。园区从打造高端产业链，节能降耗、清洁生产、产业融合等方面发展绿色经济，取得了经济、环境效益的双重回报。

一　园区概况

上海化学工业区为国家级经济技术开发区。园区位于杭州湾北岸，规划面积达 29.4 平方千米，是以炼化一体化项目为龙头，打造"1＋4"产业组合，发展以烯烃和芳烃为原料的中下游石油化工装置以及精细化工深加工系列，形成以乙烯、丙烯、碳四、芳烃为原料的产品链。上海化学工业区是"十五"期间中国投资规模最大的工业项目之一，第一期项目总投资达1500亿元人民币，是中国改革开放以来第一个以石油和精细化工为主的专业开发区，同时也是上海六大产业基地之一的南块中心，被誉为"上海工业腾飞的新翅膀"。

二 绿色发展的战略与举措

（一）发展精细化工，打造高端制造产业链

近年来，园区以乙烯项目为上游产品，异氰酸酯、聚碳酸酯等为中游产品，通过补链招商，完善下游精细化工、合成材料等产业，形成上中下游一体化的石油化工产业链。通过引入电子化学品、表面活性剂、助剂、催化剂等高端精细化工产业和高性能树脂、纤维、特种合成橡胶等新材料产业，提升园区高端先进制造业占比，建设具有园区特色的低消耗、高产出、高效率的产业链。园区紧紧围绕产业链高端化与循环经济发展两大核心主题进行招商引资，以优化"一体化"为重点，不断赋予园区物联网、"互联网＋"等智慧要素。引进全球最具先进技术的英威达公司一体化尼龙6.6生产项

目，科思创聚合物（中国）公司年产 5 万吨 HDI 扩产和聚碳酸酯扩产等项目；上海赛科石油化工有限责任公司新建 26 万吨/年丙烯腈装置项目等，推进园区产业高端化发展。围绕产业能级提升，园区不断加大新材料、高端精细化工产品引进，如璐彩特 9 万吨/年 MMA 改扩建项目、巴斯夫上海涂料 13500 吨/年汽车色漆新建项目、明尼苏达矿业制造特殊材料（上海）有限公司热熔胶项目、赢创公司特殊护理有机化学品及有机硅项目等一批专用化学品制造项目落户园区，促进下游产业链的进一步丰富和完善。

（二）通过工业和方法创新，推动园区资源综合利用

集聚一批以升达废料处理公司、集惠瑞曼迪斯公司为核心的专门以上游企业产生的废弃物为原料的企业，实现资源共享和副产品互换，促进企业废弃物的综合利用。以中法水务、漕泾热电、工业气体公司、华林工业气体公司为主建设公用工程"岛"，实现水、电、热和气的集中供应，实现物质闭路循环、能量多级利用的模式。近几年，园区在原有产业链的基础上，进行了工艺方法等的创新，通过企业重点项目的新建或扩建，重点

实施了氢气利用、氯气三次循环、C4综合利用等绿色工业链项目，促进了产业集聚度与能级梯级利用，成为上海化学工业区持续深化循环经济发展的重要工作。

（三）加大投资，全面实施清洁化改造

园区按照化工区环境综合整治方案，建立《上海化学工业区区域环境综合整治任务清单》，投资10亿元，将清单所涉及的10大类共91个项目分解至各企业进行具体落实，推动区内企业深入开展各项环境整治工作，减少污染物的排放。全面实行废水、危废集中处理，探索废气等其他污染物集中处理技术，推动中法水务和升达废料处理公司产线的升级改造，不断完善和提升污水集中处理、固废集中处理能力，形成集约利用的公用工程。开展挥发性有机物（VOCs）排放削减工程和监测监管，重点推进巴斯夫、赛科等企业实施泄漏检测与修复（LDAR）、VOCs收集治理等项目。鼓励企业通过第三方治理方式开展环境污染治理。在国家绿色园区创建期间，园区启动了13家挥发性有机物排放重点企业"一企一方案"的编制工作，并组织专家对8家企业的挥发性有机物减排方案进行了评审，后续共推动44家企业完成"一企一方案"的编制及相应年度治理工作。

园区管委会委托第三方对区内 5 家企业 24 套装置 14444 个密封点的 LDAR 工作进行现场审计。还完成了漕泾发电的超低排放改造。

（四）提高节能管理水平，持续推进能源资源高效利用

为实现绿色发展，园区出台了《上海化学工业区节能技术改造专项扶持操作办法》，赛科、科思创、工业气体、赢创等企业均实施了余热余压利用、分项计量、绿色照明等重点工程。赛科公司投资 3370 万元，对 8 台裂解炉陆续进行了对流段炉管的改造，热效率提高约 1%，年节能量达 3 万吨标煤。赛科、漕泾热电、巴斯夫化工、巴斯夫聚氨酯等重点用能企业积极开展能源管理体系认证。依照化工行业的特点和产业布局，完善能量的梯级利用。督促重点用能企业按时上报能源利用状况报告，每年定期开展节能培训，鼓励赛科等企业开展能源管理体系建设和能源管理中心建设，以制度化和信息化手段提高节能管理水平。

三　主要成效与示范意义

（一）产业链耦合进一步加强

园区进一步优化空间布局，集聚优势产业，完善产

业链，增强可持续发展能力。通过补链和拓链招商，拓展和优化行业内部及行业间的产品链和废物链，纵向延伸成链，横向耦合成网。积极推动区内企业通过引入先进的生产工艺和进行工艺改善，优化生产结构，降低碳排放。采用多种形式鼓励区内企业运用先进技术，从源头减少生产过程中的物料和能源的使用量，提高各类物资的循环利用率，降低各类废弃物的产生和排放。推行清洁生产、节能技改和合同能源管理机制，最大限度地利用可再生资源，提高生产过程中的能源利用效率。

（二）能源利用效率水平持续提高

园区通过制定园区用能单位的管理工作方案，强化对重点企业节能、碳排放工作的管理，对园区内重点耗能企业进行能源审计和清洁生产审核，推动企业节能技改，进一步降低园区企业能耗。目前，园区能耗强度位居国内同类园区领先水平，能源消耗总量得到有效控制，主导产业如乙烯、烧碱单耗达到世界先进水平，发电及其他产品单耗达到国内领先水平，可再生能源使用占比进一步提高。

（三）资源循环化利用稳步提升

园区按照产品项目、公用工程、物流传输、安全环保和管理服务"五个一体化"开发理念,大力发展循环经济。在此基础上,进一步提升产业契合度,按照石油化工产品链的上下游关系,合理构建循环经济的产业链,实现资源共享和副产品互换的产业共生组合。实现企业内小循环、园区内中循环、区域间大循环,基本建成循环型产业共生网络体系。

(四)精细化管理明显提高

园区通过完善化工区区域能源数据统计和管理体系,掌握区域能源消费结构和能耗水平,掌握园区企业清洁生产审核开展情况、余热利用情况、VOCs 治理情况,推进规模以上企业建立环境管理体系和能源管理体系。园区在能源、资源领域的计量、监测、统计等方面的基础能力显著提升,资源环境领域智能化管控实现全覆盖,园区主要污染物排放得到全面监控,绿色化水平实现可视化。

第四节　贵阳国家高新技术产业开发区

—— 以大数据为引领　坚持创新驱动

园区力争打造自然与社会、生态与文化、智能与园林、科技与产业"八位一体"、有机结合的绿色生态园区，紧紧围绕大数据、大健康、高端制造业、高端服务业四大主导产业发展。全面推动"大数据＋实体经济"深入融合发展，大力实施"大数据＋智能制造"专项行动，大力支持企业强化技术创新和管理，深入推行智能制造，全面推进工业园区产业耦合。从人才、载体、环境等多方面加强科技创新，加快创新资源转化为发展动力的步伐。正确处理生态环境保护和发展的关系，把生态文明、绿色发展理念贯穿建设园区和发展经济的全过程。

一　园区概况

贵阳国家高新技术产业开发区重点发展电子信息、航空航天、新材料、新能源等产业，园区内已有中航集团、中电振华集团、南车集团、法国赛峰集团斯奈克玛公司等企业入驻，建立了中航工业贵阳航空发动机产业基地，大力推进中航工业贵阳航空发动机产业项目、中电振华新型电子元器件生产项目、北斗产业园项目建设。园区坚持以工业4.0为方向，打造现代工业4.0示范基地和大数据先进制造业基地，大力发展大数据端产品制造；依托中航黎阳打造航空发动机产业园，依托中电振华集团打造新材料、新能源基地；发挥全国电子基础元器件产业知名品牌创建示范区的聚集效应，初步形成了以航空发动机研发生产、节能环保成套设备制造为核心的高端制造产业集群。

二　绿色发展的战略与举措

（一）坚持规划引领，科学谋划绿色发展

贵阳国家高新技术产业开发区，坚持"生态、循环、低碳"的理念，贯彻"减量化、再利用、资源化"的原则，积极促进资源节约与集约利用，践行绿色发展理念。积极发展高附加值、低污染、低能耗的绿色产业，打造自然与社会、生态与文化、智能与园林、科技与产业"八位一体"有机结合的绿色生态园区，推动高新区健康可持续发展。

（二）践行低碳发展，转变工业产出方式

"十二五"以来，贵阳国家高新技术产业开发区高度关注生态环境建设，通过强化源头治理、实施清洁改造，推进节能减排等多项政策措施，引导园区降低能耗，减少污染物排放。加大对存量污染企业的疏解转移

力度，引导水泥、铁合金、黄磷等领域的污染企业退出。在多项措施的共同推进下，"十二五"时期，贵阳国家高新技术产业开发区的单位工业增加值能耗、水耗和排放等单项指标均较"十一五"末有明显下降，节能降耗效果明显。

（三）优化资源利用，提升综合竞争优势

园区通过引导企业应用节能新技术，增加节能降耗的投入，实施节能技术项目，逐年降低园区规模以上工业产值能耗。通过推进节能、节水、节地、节材，构建企业内部、企业之间的循环经济产业链，实现生产过程耦合和多联产。最大限度地降低园区的物耗、水耗和能耗，改变粗放的能源资源利用方式，切实提高园区的资源产出率，降低企业运行成本，对于提升园区综合竞争力具有重要意义。

（四）提高准入门槛，优化园区内工业结构

贯彻绿色园区发展规划，体现绿色发展理念，强化高新区产业和重点企业监测，制订产业结构调整计划。以高新技术产业为主攻方向，走新型工业化道路。通过低碳节能技术的应用，大力发展、重点引进和扶持低能耗、低污染、高附加值、高技术含量的低碳新兴产业和龙头企业，强化低碳技术引进与改造，优化产业结构。分析和优化各重点企业产品组合和能耗结构，不断降低能源消耗，提升高新区经济发展的效率和质量。2015年以来，园区内新建、改建、扩建项目的工业企业均按要求编制了节能评估报告书，通过专家和管理部门的审查，并取得了节能评估审查意见，园区工业固定资产投资项目节能评估和审查比例为100%。

（五）优化能源结构，打造清洁能源体系

贵阳国家高新技术产业开发区强化与贵阳市低碳城市规划的核心理念和资源协同，加快发展新能源，引导扩大输入电力、天然气消费，降低石化能源消费，改善能源结构，积极推广新能源开发应用。园区积极推进工业燃煤燃油锅炉的天然气改造，推动园区工业用天然气普及，开展燃气热电厂试点，加快工业天然气推广。原有的贵州久联民爆器材发展股份有限公司、华润雪花啤酒（贵州）有限公司、贵州贵航汽车零部件股份有限公司等重点耗煤企业已经脱离高新区。目前园区对所有燃煤锅炉都进行了替代，并通过开展现有设备、工艺及系统的节能改造，在优化能源消费结构，提高清洁能源使用比例的同时进一步降低能耗。

（六）强化环保意识，加大生态文明建设投入力度

"十二五"期间，贵阳国家高新技术产业开发区不断加强环保工作。一是坚持"一把手"亲自抓、负总责，将环境保护要求落到实处；二是坚持增加投入，加强环保基础设施建设；三是加大污染治理力度，严控企业入园门槛。园区通过这些举措，切实解决了突出的环境问题，极大地改善了园区内的环境水平。园区还加强资金保障，提升绿色产业规模，在重大项目、技术研发、绿色发展的基础设施建设方面加大对重点企业的支持力度；积极引导和推动，逐步打造绿色发展投融资平台；整合企业、金融机构资源，细化相关产业，加强对园区内企业项目贷款的绿色指标考核与审批，以贷款等方式支持园区内低能耗、节能环保相关的项目和企业发展。

三　主要成效与示范意义

（一）以低碳为抓手构建绿色发展新阶段

2014 年贵阳国家高新技术产业开发区获批成为国家低碳工业园区试点，2015 年 9 月获国家工业和信息化部、国家发展改革委批准，成为贵州省唯一的国家级

低碳工业园区。贵阳国家高新技术产业开发区以产业低碳化、能源低碳化、基础设施低碳化及低碳管理为发展方向，提高园区低碳准入门槛，推进高端制造业等高新技术产业发展，促进服务业集约化发展，推动低碳生产，优化能源结构，建立健全低碳管理机制，完善低碳能力建设体系，推动低碳文化发展，完成以打造国家低碳工业园带动具有高新区特色的低碳、节能发展模式。

（二）实现生态与资源协调发展

2015 年贵阳国家高新技术产业开发区获得"贵州省清洁生产试点示范园"称号，对园区规模以上工业企业开展摸排和引导鼓励企业从源头减少和控制污染物排放，通过技术改造、提升工艺、节约水电、降低物耗等，实现资源循环利用，推动园区和工业企业绿色发展。经过持续积极创建，高新区基本建立起一套适用于园区企业的清洁生产管理制度体系。2016 年经过贵州省经信委、环保厅等部门相关专家的评审，最终决定贵阳国家高新区为省级首批清洁生产示范园区。

（三）建立突发环境事件应急预案体系

贵阳国家高新技术产业开发区内规模以上工业企业均根据企业实际情况编制了突发环境事件应急预案，并在环保管理部门进行了备案，企业突发环境事件应急预案覆盖率达100%。同时贵阳国家高新技术产业开发区根据园区实际情况编制了突发环境事件应急预案，并与园内各企业建立联动机制，形成了企业与管理部门之间的突发环境事件应急预案体系。提高了园区对突发环境事件的应急救援反应速度和协调水平，增强了综合处置突发环境事件的能力。

（四）生态文明创建成效明显

贵阳高新区实施了一批公园建设、道路绿化提升、景观亮点打造、立体绿化建设等项目，如已建成大数据·创客公园、白鹭湖公园、太阳湖公园一期，正在大力推进太阳湖公园二期、三期，沙文片区古树新韵、布谷报春、希望群生等项目的建设。园区严格按照规划实施建设，地面绿化率大大增加，土地利用方式由粗放型逐步转化为集约型，生态环境由城郊和农村复合生态环境系统改变为城市生态环境系统，贵阳国家高新技术产业开发区生态环境质量已上升到优级。

（五）区域带动与融合发展作用凸显

贵阳国家高新技术产业开发区初步构建了产业体系的总体架构，基本建成统一共享的基础公用设施，以及城市生态环境系统。园区产业发展带动配套基础设施建设，园区区域带动作用凸显，区域一体化发展水平较高。贵阳国家高新技术产业开发区区域内基础设施、经济发展、社会管理发展均衡，园区内产业发展与社会管理相融合，产城融合建设成效明显。

第五节　鄂托克经济开发区
—— 努力建立高效、清洁、低碳、循环的
绿色制造体系

近年来，园区不断推进工业绿色发展，努力建立高效、清洁、低碳、循环的绿色制造体系，并取得明显成效。累计投入环保技改资金 16.5 亿元；削减二氧化硫 3 万余吨，氮氧化物 2.8 万吨，COD 1300 余吨，氨氮近 200 吨；单位生产总值能耗由"十一五"末的 4.188 吨标煤下降到 2.266 吨标煤，下降 45.9%；万元工业增加值取水量低于 18 立方米，主要节水指标长期处于先进水平。

一　园区概况

鄂托克经济开发区于 2001 年经内蒙古自治区人民政府批准建设，2003 年正式运行。规划总面积为 85 平方千米。园区已形成煤化工、氯碱化工、天然气化工、煤—电—冶金、"三废"循环再利用和物流供应链六条产业链。2017 年，开发区实现工业总产值 570 亿元，完成固定资产投资 140 亿元，销售收入 625 亿元，地方财政总收入 36.96 亿元。建园至今，累计完成固定资产投资 1100 多亿元，实现工业总产值 3500 多亿元；园区绿化总面积近 1000 万平方米，人均绿化面积超过 100 平方米；空气优良率达 70% 以上。先后被确定为国家级循环化改造示范试点园区、低碳工业试点园区、增量配售电业务改革试点园区和第一批绿色制造体系示范绿色园区。

二　绿色发展的战略与举措

园区围绕建立资源节约型、环境友好型生产制造体系，推进设计开发生态化、生产过程清洁化、资源利用高效化、环境影响最小化，实现工业绿色低碳循环发展。

（一）推行生产绿色化改造，构建绿色生产体系

根据产业特点和资源分布特征，以绿色企业集聚发展、绿色产业生态化链接和绿色服务平台建设为重点方向，推进园区能源梯级利用、水资源循环利用、废弃物交换利用、土地节约集约利用，提升园区能源资源利用效率，优化园区企业和基础设施空间布局。例如：①突出大气污染防治重点行业、高风险污染物防治重点行业、工业煤炭消耗重点领域和水环境质量改善重点流域，推广应用煤炭高效清洁利用、分级燃烧、选择性非催化还原、覆膜滤料袋式除尘、无汞触媒等一批清洁生产改造项目。②能源利用高效、低碳化改造。采用先进适用的节能技术，重点实施高耗能通用设备改造、长流程工业系统改造和余热余压高效回收三大节能专项。③高耗水行业节水改造。以电力、冶金、化工等高耗水行业为重点，推进企业先进适用节水技术改造，推动实现工业用水总量控制、用水效率提升、水环境有效保护。④基础制造工艺绿色化改造。大力推广原料优化、梯级利用、短流程、可循环等技术，实施长流程工艺系统革新，推进基础工艺绿色化，提高系统整体能效。

⑤大力推广普及余热余压发电供热及循环利用技术，实现余能高效回收。⑥建立健全绿色数据中心能效管理推进机制，推广应用一批绿色数据中心节能技术，创建一批绿色数据中心节能改造示范工程。

（二）实施废弃物资源化工程，推进工业固体废弃物综合利用

园区持续推进冶炼渣、尘泥、化工废渣、尾矿、煤矸石、粉煤灰、工业副产石膏、电石渣等工业固体废弃物资源综合利用，加快推进水泥窑协同处置城市生活垃圾。全面推动再生资源综合利用，加快推动再生资源回收利用。加大废弃物资源化利用评估，树立一批标杆企业，带动废弃物资源化利用市场规模扩张。推进绿色产业生态链接，促进企业及行业间链接共生、原料互供、资源共享。以工业行业为重点，推动工业行业与其他行业及社会间协同协作、嫁接、耦合和延伸，形成生态链接。

（三）加强绿色生产技术研发，推动绿色创新

园区围绕制约节能产业发展的重大关键技术和装备，在节煤、节电、余能回收利用、智能控制等领域加大研发和示范力度，加快节能技术装备研发和产业化进

程，提升节能装备制造水平。围绕"十三五"国家环境保护约束性指标及重金属等有毒有害物质，在大气、水、土壤污染防治等重点领域，加强多污染协同装置、环境污染防治专用材料和药剂、环境监测专用仪器仪表、环境污染应急等先进环保技术装备的研发，突破一批亟须攻关的环保技术装备，建设一批环保技术装备智能化应用示范工程。围绕资源再利用领域，攻克一批共性关键技术和设备，大力提升工业资源综合利用技术设备水平，积极推进产业化应用。

（四）提高产品附加值，推进节能环保技术产业化

园区重点发展具有国内领先水平的节能环保型锅炉、低品位余热利用装备、富营养化污染防治、难降解有毒有机废水处理等技术装备，高可靠性、低消耗、副产品可资源化的烟气脱硫、脱硝、除尘和工业有机气体净化设备，工业固体废弃物回收利用、重金属及有毒有害废弃物处置、生活垃圾处理等成套设备，垃圾焚烧飞灰安全处置与资源化利用设备，城镇污水处理厂污泥处置设备，污染土壤修复设备等，加快形成一批拥有自主知识产权和自主品牌的高端产品。依托园区节能环保产业集群，形成产业特色鲜明、集聚效应明显、创新活力

勃发的产业发展高地。着力推进节能和环保服务业发展。培育发展节能服务机构，大力推行合同能源管理，拓展节能诊断、设计、融资、改造、运行管理等服务。做强环境工程承包服务，以重点集聚区为依托，培育一批可提供环保工程技术方案设计、成套设备、施工建设、运营服务的大型工程总承包或项目总承包企业集团。

三　主要成效与示范意义

近年来，园区不断推进工业绿色发展，努力建立高效、清洁、低碳、循环的绿色制造体系，并取得明显成效。

（一）环境污染防治水平全面提升

园区深入实施重点工业行业提标改造，大幅减少工业污染物排放，大力推进煤炭、焦化、电力、冶金、氯碱化工、天然气化工等水污染重点控制行业的提标改造，积极推动重污染行业工业废水的深度处理与回用；全面实施火电、焦化、冶金、电石、水泥五大行业废气治理改造工程，推动二氧化硫、氮氧化物等污染物的总量控制和超低排放。

（二）清洁生产取得显著成效

园区坚持以"节能、降耗、减污、增效"为目标，将清洁生产作为源头控制的资源环境策略并持续推广应用于工业生产过程和产品中，累计投入环保技改资金16.5亿元；污水处理厂、疏干水、高盐水综合利用项目已投运，园区内工业废水回收利用率进一步提高；电厂脱硫、脱硝设备全部完工并稳定运行，共削减二氧化硫3万余吨，氮氧化物2.8万吨，COD 1300余吨，氨氮近200吨，四项减排指标全部超额完成。开发区单位生产总值能耗由"十一五"末的4.188吨标煤下降到2.266吨标煤，下降45.9%；万元工业增加值取水量低于18立方米，主要节水指标长期处于先进水平。

第六节　界首高新区田营产业园
——进来一只旧电瓶　出去一只新电瓶

园区通过发展绿色循环产业已产生四大效益：一是经济效益，建园之初的年产值为13.6亿元，到2017年已提升至316亿元。二是社会效益，园区所在的田营镇60%以上人员从事再生铅产业，与周边村庄建立了良性互动发展机制，促进了特色小镇和美丽乡村建设。三是资源效益，园区每年节约精铅矿石660多万吨，节约标煤11.96万吨，减少废水排放量439万吨，减少二氧化硫排放量1.81万吨，减少废渣产生量1000余万吨。四是环保效益，通过建立废旧电瓶回收体系，强化加工环节集中治理，实行园区化开发利用，降低了废旧电瓶的二次污染，减少了"三废"产生量。

一　园区概况

界首高新区田营产业园组建于2005年，是以再生铅循环利用、蓄电池制造为主导的专业园区。2006年实现产值17亿元，税收3700万元，规划面积为10平方千米。到2012年，园区通过强化组织领导、科技创新、招商引资和产业链延伸，全年实现产值140亿元，上缴税收5.3亿元，成为阜阳市首个百亿产值园区。截至2016年年底，园区建成区面积达3.6平方千米，年回收加工废旧电瓶量约占全国市场的1/3，极板和蓄电池生产量约占全国市场的1/5，入驻企业20余家，拥有职工近万人，形成了再生铅冶炼、极板蓄电池生产、铅化工和塑料加工四大产业板块，以及"进来一只旧

电瓶、出去一只新电瓶"的产业链条，是全国规模最
大、链条最完整的再生铅绿色循环经济产业园区。

二　绿色发展的战略与举措

坚持"发展是根本、环保是生命"的理念，充分
发挥政府与市场两只手的作用，坚持抓组织领导、科技
创新、招商引资、清洁生产，打好组合拳。在拆解、加
工、链条延伸等工艺方面实现了由线性到循环、由初加
工到深加工、由人工向自动化、由污染向环保四大转
变。尤其是园区利用城市矿产，以回收体系网络化、产
业链条合理化、资源利用规模化、技术装备领先化、基
础设施共享化、环保处理集中化、运营管理规范化为指
引，积极创建国家绿色园区，催生了一座现代化的产业
园区和富饶的"城市矿山"。

（一）视"环保与安全"为园区的生命，实现园区
的规范治理和排放达标

园区主要从以下五方面全面推进。第一，加大环保
硬件设施投入。建设污水处理厂和固体废弃物处理中
心，日处理污水能力达 5000 吨，处理固体废弃物能力
达 15 吨，污水管网做到了全覆盖，各种废弃物实现了

全收集，硬件上能满足园区企业废水和废弃物安全、有效处置的需要。第二，强化企业现场管理。要求各企业严格实施"6S"管理，从原材料堆放、功能区划分、治污设施运转和烟尘的收集、污水酸雾处理、防护措施等方面，搞好管理，确保现场干净、整洁、规范、有序、无味。第三，致力于职业卫生防护。加强对一线职工的培训，规范操作程序，采取有效措施防范职业病。强制推行职工岗前、岗中、离厂体检制度，建立职工健康档案，保护好产业工人这支队伍。开展安全生产培训，落实企业主体责任，最大限度减少工伤事故的发生。第四，强化环保领域的日常监督管理。新上和技改扩建项目，主要是执行环评制度和"三同时"制度，在产的主要抓清洁生产审核和职业卫生防护、安全生产、控效评价等制度的落实。加强日常监测，实行24小时动态巡查，对偷排乱倒行为实行"零容忍"。第五，重点进行专项治理。每年根据产业发展需要，开展1—2次专项行动，通过制定方案、现场指导、停产整改、强化督查等措施削减污染物排放量，保护好园区自然生态。

（二）重点是围绕产业升级，采用新工艺和新装备

园区内的华鑫集团加大投资，采用的新工艺技术和装备水平有 12 项指标达到清洁生产一级水平，同时要求园区所有蓄电池企业上马新工艺，即实施内化成工艺改造；开发新产品，即变单一的电动自行车电池生产为汽车电池、储能电池和通信电池生产。

（三）加大生态建设力度的同时，加强绿色文化建设

园区从空间布局的角度，完善了沟塘治理和园区绿化、防护林扩围。通过恢复原有自然生态水系，实现再生水循环利用。通过对园区内外公共地段实施绿化、加密、补栽、新栽，形成了乔灌结合、四季辉映、点线面交织的全景式生态园林，努力为园区职工和周边村民创造一个天蓝、水清、草绿、地净的生产生活环境。不仅如此，园区还通过改造提升城市矿产展厅，编制《绿色崛起》书籍和《奋力升起的朝阳》画册，制作园区专题片和循环经济之歌，设立环保文化宣传长廊，开展环保志愿服务和各种职工群众共同参与的文娱活动等措施，倡导循环经济理念，调动园区企业、职工及周边村庄参与环境治理的积极性，保护园区生态环境。

三　主要成效与示范意义

目前园区拥有四块国家级牌子，即国家循环经济示范园区、国家城市矿产示范基地、国家涉重金属类危险废物产品集中处置利用基地和全国循环经济先进单位，具体的绿色创建成效如下。

（一）资源节约成效显著

园区规划面积 10 平方千米，已建成面积 3.6 平方千米，入驻企业 20 多家。回收废旧电瓶 50 万吨，通过冶炼加工生产再生铅 33 万吨，可每年节省 3000 多万吨铅矿石，相当于少建了 10 个大型铅矿开采企业，使我国铅自给能力由 10 年延长至 50 年。园区通过建立废旧电瓶回收体系和加工环节的集中治理，实行园区化开发利用，可有效降低散落在全国各地的铅污染。同时再生铅与原生铅相比，综合生产成本可降低 38%，节能减排 50% 以上。以园区目前的回收量和加工量，每年可节约原煤量 11.96 万吨，减少废水排放量 439 万吨，减少二氧化硫排放量 1.81 万吨，减少废渣产生量 1000 万吨，推动了节能减排和资源的循环利用，大大降低了污染物的产生量。

（二）构建了产学研互促的模式

目前，园区拥有省级高新技术企业 1 家、省创新型企业 1 家、已入库培育高新技术企业 4 家，获批组建安徽再生铅产业工程中心 1 个、安徽省企业技术中心 1 个，企业与大专院校科研院所签订产学研合作技术创新联盟协议 8 家。共聘请环保、冶金等有关单位的 16 位高级技术人员参与技术攻关，已获发明专利 8 项，实用新型专利 100 多项，园区的整体实力和科技创新能力位居全国前列。

（三）实现了环境保护和经济发展的双赢

园区的上下游企业形成了产业链和生态链，进来的每一只旧电瓶都被充分利用，生产的每一只新电瓶绿色环保可回收，工业“三废”均达到排放标准。在自然生态方面，近年来园区通过持续不断地抓配套设施建设和防护林扩围、沟塘改造、园区绿化、污水处理，园外郁郁葱葱，园内花草掩映，沟塘碧波相连，道路宽阔洁净，一个生态园林型的现代化园区正在快速成长。园区通过铅冶炼，加深了对铅的用途和危害的认知和把握，不仅掌握了加工增值的方法和技术，也总结出了一套防范铅污染和危害的方法与对策，不再“谈铅色变”，而是言必环保，做到了趋利避害、变废为宝、循环利用，形成了"务本、兴业、创新、责任、生态"的园区文化，实现了经济发展和环境保护的双赢。

目前，园区共吸纳劳动力 1.8 万人，占田营镇劳动力的 80% 以上，工资和创业收入加快了村民致富的步伐，催生了千万富翁和百亿级企业，抹平了城乡差距，推动了美好乡村建设。自 2006 年起，园区先后组织企业拿出近亿元资金，支持当地修路、助教、扶贫济困等公益事业，村民生产生活条件快速改善，直接推动了当地的城镇化。界首市 2013 年新修编的城市规划中把田营园区和周边村庄纳入城市范围，拟打造生态园区与美好乡村互动发展的先行区。

附件 绿色园区指标释义

一 能源利用绿色化指标（3 项必选指标）

能源利用绿色指标包括能源产出率和可再生能源使用比例、清洁能源使用率 3 项必选指标。

（1）能源产出率（必选）

指标要求：工业园区能源产出率不低于 3 万元/吨标煤。

指标解释：指报告期内园区工业增加值与能源综合消耗总量的比值，该指标越大，表明能源产出率越高。能源综合消耗总量是用能单位在统计报告期内实际消耗的各种能源实物量，按规定的计算方法和单位分别折算后的总和。工业增加值采用 2010 年不变价[①]，下同。

[①] 注：工业增加值应采用不变价。

计算公式：能源产出率＝园区工业增加值（万元不变价）/能源综合消耗总量（吨标煤）。

（2）可再生能源使用比例（必选）

指标要求：可再生能源使用比例不低于15％。

指标解释：园区内工业企业的可再生能源使用量与综合能耗总量的比值。可再生能源包括太阳能、水能、生物质能、地热能、氢能、波浪能等非化石能源。

计算公式：可再生能源使用比例＝工业企业可再生能源使用量（吨标煤）/工业企业综合能耗总量（吨标煤）×100％。

（3）清洁能源使用率（必选）

指标要求：清洁能源使用率应达到75％。

指标解释：指清洁能源使用量与园区终端能源消费总量之比，能源使用量均按标煤计。其中，清洁能源包括用作燃烧的天然气、焦炉煤气、其他煤气、炼厂干气、液化石油气等清洁燃气、电和低硫轻柴油等清洁燃油（不包括机动车用燃油）。"清洁能源"指除煤炭和燃料油以外的能源。

计算公式：清洁能源使用率＝清洁能源使用量（吨标煤）/终端能源消费总量（吨标煤）×100％。

二　资源利用绿色指标（4 项必选指标 + 2 项可选指标）

资源利用绿色指标包括水资源产出率、土地资源产出率、工业固体废弃物综合利用率、工业用水重复利用率 4 项必选指标，以及从中水回用率、余热资源回收利用率、废气资源回收利用率、再生资源回收利用率 4 项可选指标中选取的 2 项指标。

（1）水资源产出率（必选）

指标要求：水资源产出率不低于 1500 元/立方米。

指标解释：指报告期内园区消耗单位新鲜水量所创造的工业增加值。工业用新鲜水量指报告期内企业厂区内用于生产和生活的新鲜水量（生活用水单独计量且生活污水不与工业废水混排的除外），它等于企业从城市自来水取用的水量和企业自备水用量之和。

计算公式：水资源产出率 = 园区工业增加值（万元不变价）/园区工业用新鲜水量（立方米）。

（2）土地资源产出率（必选）

指标要求：土地资源产出率不低于 15 亿元/平方千米。

指标解释：指报告期内园区单位工业用地面积产生的工业增加值。工业用地面积指工业园区规划建设范围内按照土地规划作为工业用地并已投入生产的土地面积。工业用地指工矿企业的生产车间、库房及其附属设施等用地，包括专用的铁路、码头和道路等用地，不包括露天矿用地。

计算公式：土地产出率＝园区工业增加值（万元不变价）／园区工业用地面积（平方千米）。

（3）工业固体废弃物综合利用率（必选）

指标要求：工业固体废弃物综合利用率不低于95%。

指标解释：指工业固体废弃物综合利用量占工业固体废弃物产生量（包括综合利用往年贮存量）的百分率。工业固体废弃物综合利用量指报告期内企业通过回收、加工、循环、交换等方式，从固体废弃物中提取或者使其转化为可以利用的资源、能源和其他原材料的固体废弃物量（包括当年利用往年的工业固体废弃物贮存量），如用作农业肥料、生产建筑材料、筑路等。综合利用量由原产生固体废弃物的单位统计。

计算公式：工业固体废弃物综合利用率＝工业固体

废弃物综合利用量（吨）/（工业固体废弃物产生量 +
综合利用往年贮存量）（吨）×100%。

（4）工业用水重复利用率（必选）

指标要求：工业用水重复利用率不低于90%。

指标解释：指工业重复用水量占工业用水总量的百
分率。工业重复用水量指报告期内企业生产用水中重复
再利用的水量，包括循环使用、一水多用和串级使用的
水量（含经处理后回用量）。工业用水总量指报告期内
企业厂区内用于生产和生活的水量，它等于工业用新鲜
水量与工业重复用水量之和。

计算公式：工业用水重复利用率 = 工业重复用水量
（立方米）/工业用水总量（立方米）×100%。

（5）中水回用率（可选）

指标要求：中水回用率不低于30%。

指标解释：指园区内再生水的回用量与污水处理厂
处理量的比值。其中，再生水（中水）是指二级达标
水经再生工艺净化处理后，达到中水水质指标要求，满
足某种使用要求的水。

计算公式：中水回用率 = 园区再生水（中水）回用
量（万吨）/园区污水处理厂处理量（万吨）×100%。

（6）余热资源回收利用率（可选）

指标要求：余热资源回收利用率不低于60%。

指标解释：已回收利用的余热占园区余热资源的比重。它是反映企业余热资源回收利用程度的重要指标。余热回收利用是回收生产工艺过程中排出的具有高于环境温度的气态（如高温烟气）、液态（如冷却水）、固态（如各种高温钢材）物质所载有的热能，并加以利用的过程。园区余热资源量按照 GB/T 1028 计算。

计算公式：余热资源回收利用率 = 回收利用的余热资源量（千焦）/园区总余热资源量（千焦）×100%。

（7）废气资源回收利用率（可选）

指标要求：废气资源回收利用率不低于90%。

指标解释：回收利用的废气资源量占园区废气资源的比重。废气资源量为经技术经济分析确定的可回收利用的废气量。园区中可回收利用的废气资源包括但不限于焦炉煤气、高炉煤气、转炉煤气、电石尾气、黄磷尾气、化工合成驰放气。

计算公式：废气资源回收利用率 = 回收利用的废气资源量（万立方米）/园区可回收利用总废气资源量

（万立方米）×100%。

（8）再生资源回收利用率（可选）

指标要求：再生资源回收利用率不低于80%。

指标解释：本指标主要适用于再生资源类园区，是指园区内再生资源的循环利用量与再生资源收集量的比值。再生资源主要包括但不限于废钢铁、废有色金属、废纸、废塑料、废旧纺织品、废旧木材、废旧轮胎、废矿物油、废弃电器电子产品、报废汽车等。

计算公式：再生资源回收利用率＝再生资源循环利用量（万吨）/再生资源收集量（万吨）×100%。

三　基础设施绿色指标（1项必选指标＋2项可选指标）

基础设施绿色指标包括污水集中处理设施1个必选指标，以及从新建工业建筑中绿色建筑的比例、新建公共建筑中绿色建筑的比例2项可选指标中选取1项指标，从500米公交站点覆盖率、节能与新能源公交车比例2项可选指标中选取1项指标。

（1）污水集中处理设施（必选）

指标要求：要求建设有污水集中处理设施。

指标解释：园区内所有工业废水经预处理达到集中处理要求后进入安装有自动在线监控装置的污水集中处理设施（园区内或园区外）。

（2）新建工业建筑中绿色建筑的比例（可选）

指标要求：新建工业建筑中绿色建筑的比例不低于30%。

指标解释：园区新建工业建筑中的绿色建筑是按照GB/T 50878—2013《绿色工业建筑评价标准》评价，获得二星及以上评级的工业建筑。

计算公式：新建工业建筑中绿色建筑的比例 = 新建工业建筑中绿色建筑的面积（平方米）/园区新建工业建筑面积（平方米）×100%。

（3）新建公共建筑中绿色建筑的比例（可选）

指标要求：新建公共建筑中绿色建筑的比例不低于60%。

指标解释：园区新建公共建筑中的绿色建筑是按照GB/T 50378—2014《绿色建筑评价标准》评价，获得二星及以上评级的公共建筑。

计算公式：新建公共建筑中绿色建筑的比例 = 新建公共建筑中绿色建筑的面积（平方米）/园区新建公共

建筑面积（平方米）×100%。

（4）500 米公交站点覆盖率（可选）

指标要求：500 米公交站点覆盖率应达到90%。

指标解释：园区公共交通车站服务覆盖面积的总和占园区建成区面积的百分比。

计算公式：具体根据 GB 50220 计算。

（5）节能与新能源公交车比例（可选）

指标要求：新能源公共交通车辆比例不低于30%。

指标解释：新能源公交车是指采用新型动力系统，完全或主要依靠新型能源驱动的公交车。非插电式混合动力公交车是指没有外接充电功能的混合动力公交车。新能源公交车和非插电式混合动力公交车合称节能与新能源公交车。

计算公式：节能与新能源公交车比例 = 节能与新能源公交车数量（辆）/园区公交车总量（辆）×100%。

四　产业绿色指标（2 项必选指标 + 1 项可选指标）

产业绿色指标包括绿色产业增加值占园区工业增加值比例、高新技术产业产值占园区工业总产值比例 2 项必选指标，以及从人均工业增加值和现代服务业比例两个可选指标中选取 1 项指标。

（1）绿色产业增加值占园区工业增加值比例（必选）

指标要求：绿色产业增加值占园区工业增加值比例不低于30%。

指标解释：园区内绿色产业的增加值与园区工业增加值的比值。其中，绿色产业增加值是依据国家统计局《战略性新兴产业分类（2012）（试行）》中关于节能环保产业和新能源产业的具体分类统计得到的。

计算公式：绿色产业增加值占园区工业增加值比例＝绿色产业增加值（万元）/园区工业增加值（万元）×100%。

（2）高新技术产业产值占园区工业总产值比例（必选）

指标要求：高新技术产业产值占园区工业总产值比例不低于30%。

指标解释：园区内高新技术企业的工业总产值占园区工业总产值的比值。其中，高新技术企业是指依据《高新技术企业认定管理办法》认定的工业范畴的高新技术企业。

计算公式：高新技术产业产值占园区工业总产值比例＝高新技术企业的工业产值之和（万元）/工业园区工业总产值（万元）×100%。

（3）人均工业增加值（可选）

指标要求：人均工业增加值不低于 15 万元/人。

指标解释：园区工业增加值与园区内工业企业从业人数的比值。

计算公式：人均工业增加值＝园区工业增加值（万元）/园区年末工业企业从业人数（人）。

（4）现代服务业比例（可选）

指标要求：现代服务业比例不低于 30%。

指标解释：为适应现代园区发展的需求，而产生和发展起来的具有高技术含量和高文化含量的服务业。主要包括基础服务（包括通信服务和信息服务）、生产和市场服务（包括金融、物流、批发、电子商务、农业支撑服务以及中介和咨询等专业服务）、个人消费服务（包括教育、医疗保健、住宿、餐饮、文化娱乐、旅游、房地产、商品零售等）和公共服务（包括政府的公共管理服务、基础教育、公共卫生、医疗以及公益性信息服务等）。

计算公式：现代服务业比例 = 现代服务业增加值（万元）/园区 GDP × 100%。

五　生态环境绿色指标（5 项必选指标 + 1 项可选指标）

生态环境绿色指标包括工业固体废弃物（含危险废物）处置利用率、万元工业增加值碳排放量消减率、单位工业增加值废水排放量、主要污染物排放弹性系数、园区空气质量优良率 5 项必选指标，以及从绿化覆盖率、道路遮阴比例、露天停车场遮阴比例 3 项可选指标中选取 1 个指标。

（1）工业固体废弃物（含危险废物）处置利用率（必选）

指标要求：工业固体废弃物（含危险废物）处置利用率应达到 100%。

指标解释：园区范围内各工业企业安全处置、综合利用及安全贮存的工业固体废弃物量（含危险废物）之和与当年工业固体废弃物总产生量的比值。

计算公式：工业固体废弃物（含危险废物）处置利用率 = 园区当年工业固体废弃物处置利用量（含危

险废物）（吨）/园区当年工业固体废弃物总产生量（吨）×100%。

（2）万元工业增加值碳排放量消减率（必选）

指标要求：万元工业增加值碳排放量消减率不低于3%。

指标解释：园区内工业企业产生单位工业增加值所排放的二氧化碳当量的创建期年均消减率。创建期是指绿色园区创建周期。

计算公式：万元工业增加值碳排放量消减率 = 1 − [验收年单位工业增加值二氧化碳排放量（吨二氧化碳当量/万元）/创建基准年单位工业增加值二氧化碳排放量（吨二氧化碳当量/万元）]$^{1/创建周期}$ ×100%。

（3）单位工业增加值废水排放量（必选）

指标要求：单位工业增加值废水排放量不大于5吨/万元。

指标解释：指园区单位工业增加值排放的工业废水量，不包括企业梯级利用的废水和园区内居民排放的生活废水。

计算公式：单位工业增加值废水排放量 = 园区工业废水排放总量（吨）/园区工业增加值总量（万元）。

（4）主要污染物排放弹性系数（必选）

指标要求：主要污染物排放弹性系数不高于0.3。

指标解释：指园区内工业企业排放的各类主要污染物排放弹性系数的算术平均值。其中，主要污染物指从创建基准年到验收年，国家政策明确要求总量减排和控制的污染物，包括 COD、SO_2、氨氮、NO_x 等。某种主要污染物排放弹性系数，指园区内工业企业排放的某一种主要污染物排放总量的3年年均增长率与工业增加值3年年均增长率的比值。

计算公式：某种污染物排放弹性系数＝某种污染物排放量创建周期年均增长率（％）/园区工业增加值创建周期年均增长率（％）；主要污染物排放弹性系数＝主要污染物排放弹性系数之和/污染物个数。

（5）园区空气质量优良率（必选）

指标要求：园区空气质量优良率不低于80％。

指标解释：指空气质量优良天数占全年天数的比例。空气质量优良等级按照 GB3085《环境空气质量标准》确定。

（6）绿化覆盖率（可选）

指标要求：绿色覆盖率不低于30％。

指标解释：园区内各类绿地总面积与园区规划范围内用地总面积的比值。

计算公式：绿色覆盖率＝园区内各类绿地总面积（平方米）/园区用地总面积（平方米）×100%。

（7）道路遮阴比例（可选）

指标要求：道路遮阴比例应达到80%。

指标解释：指道路两旁树冠垂直投影遮蔽的总阴影面积与步行道路总面积的比值。

计算公式：道路遮阴比例＝道路两旁树冠垂直投影遮蔽的总阴影面积（平方米）/步行道路总面积（平方米）×100%。

（8）露天停车场遮阴比例（可选）

指标要求：露天停车场遮阴比例应达到80%。

指标解释：指露天停车场树冠垂直投影遮蔽的总阴影面积与露天停车场总面积的比值。

计算公式：露天停车场遮阴比例＝露天停车场树冠垂直投影遮蔽的总阴影面积（平方米）/露天停车场总面积（平方米）×100%。

六 运行管理绿色指标（3 项必选指标）

运行管理绿色指标包括绿色园区标准体系完善程度、是否编制绿色园区发展规划、绿色园区信息平台完善程度 3 项必选指标。

（1）绿色园区标准体系完善程度（必选）

指标要求：应建立完善的绿色园区标准体系。

指标解释：绿色园区标准体系建设的完善程度。主要考核是否建立与其产业链和主导产业相适应的绿色园区标准体系，具体包括能源利用绿色化标准、资源利用绿色化标准、基础设施绿色化标准、产业绿色化标准、生态环境绿色化标准等；是否制定监管强制性绿色相关标准执行的有关制度文件；是否开展绿色相关标准的宣传和培训等。

（2）是否编制绿色园区发展规划（必选）

指标要求：编制绿色园区发展规划。

指标解释：按照本实施方案的创建内容编制绿色园区发展规划，原则上每 5 年编制一次。

（3）绿色园区信息平台完善程度（必选）

指标要求：建立完善的绿色园区信息平台。

指标解释：指园区内绿色园区信息平台建设的完善程度。主要考核是否创建局域网；是否定期在园区管委会网站、局域网或相关网站上发布绿色园区建设和改造信息；是否在园区局域网上有园区主导行业清洁生产技术信息（主要包括原材料选择、节水、节能、环保等方面）、废物资源化技术信息、绿色建筑技术信息、绿色交通技术信息等。

参考文献

UNIDO，Green Industrial Development—Pathways towards a Circular Economy，2017，https：//institute. unido. org/wp － content/uploads/2017/09/greenindustry ＿ bahrain＿ 2017. pdf.

高东峰、林翎、付允、杨朔、吴丽丽：《浅析绿色设计与绿色制造标准体系》（英文），China Standardization，No. 1，2017。

高云虎：《绿色制造全面起步，工业绿色转型步伐加快》，2016 年 12 月 27 日，http：//www. miit. gov. cn/n973401/n5430758/n5430802/c5442274/content. html。

工业和信息化部节能与综合利用司编：《中国工业绿色发展报告（2017）》，北京师范大学出版社 2017 年版。

苗圩：《以五大发展理念引领和推动制造强国建设》，《中国信息化》2016 年 3 月。

苗圩：《走新型工业化道路 推进工业绿色低碳发展》，《行政管理改革》2013 年第 5 期。

潘家华：《推动绿色发展 建设美丽中国》，《经济日报》2018 年 2 月 8 日第 13 版。

史丹：《中国工业绿色发展的理论与实践——兼论十九大深化绿色发展的政策选择》，《当代财经》2018 年第 1 期。

禹湘：《绿色引领工业园区未来发展》，2018 年 7 月 23 日，http：//www. gmpsp. org. cn/portal/article/index/id/1123/cid/37. html。

禹湘、储诚山、周枕戈：《国际气候治理新格局下中国工业绿色转型的挑战与机遇》，《企业经济》2016 年第 12 期。

周宏春、刘文强、郭丰源：《绿色发展经济学概论》，浙江教育出版社 2018 年版。

致　　谢

在报告的撰写过程中，感谢工业和信息化部节能与综合利用司、中国社会科学院城市发展与环境研究所、中国标准化研究院对相关研究的支持；感谢江苏苏州工业园区、天津经济技术开发区、上海化学工业区、贵州贵阳国家高新技术产业开发区、内蒙古自治区鄂托克经济开发区、安徽界首高新区田营产业园为本报告提供的数据和资料。

禹湘，中国社会科学院城市发展与环境研究所副研究员，主要研究领域为工业绿色发展、气候变化政策、能源、环境政策影响的量化评估。现为中国绿色制造联盟专家委员会委员，曾参与起草《工业领域应对气候变化行动方案（2012—2020）》，为绿色园区的主要技术支撑专家之一。

付允，中国标准化研究院副研究员，主要研究领域为循环经济、清洁生产、绿色发展。参与制定循环经济和绿色制造相关标准30多项。主持或参与国家重点研发计划项目，国家863计划，科技支撑计划，国家发展改革委、国家标准委、工业和信息化部等课题50余项。

刘晶茹，中国科学院生态环境研究中心副研究员，主要研究领域为工业园区生态环境规划与管理、可持续消费与生产及生命周期分析与评价。现为中国环境科学学会生态产业分会副主任委员，中国生态学学会产业生态专业委员会副主任。

石磊，清华大学环境学院副研究员，主要研究领域为产业生态学。现为国家环境保护生态工业重点实验室清华分室主任，中国生态学会产业生态专业委员会主任，*Journal of Industrial Ecology* 亚洲办公室主任，*Journal of Cleaner Production* 副主编。